Vaclav Beran, Daniel Macek

Kalkulation und Analyse in der Tabellenkalkulation

I0013193

Vaclav Beran, Daniel Macek

Kalkulation und Analyse in der Tabellenkalkulation

GRIN Verlag

Bibliografische Information der Deutschen Nationalbibliothek: Die Deutsche Bibliothek verzeichnet diese Publikation in der Deutschen Nationalbibliografie; detaillierte bibliografische Daten sind im Internet über http://dnb.d-nb.de/ abrufbar.

1. Auflage 2008
Copyright © 2008 GRIN Verlag
http://www.grin.com/
Druck und Bindung: Books on Demand GmbH, Norderstedt Germany
ISBN 978-3-640-12619-4

Kalkulation

und

Analyse in der Tabellenkalkulation

DYNAMISCHE KALKULATION

FEHLERANALYSE

SENSITIVITÄTSANALYSE

SIMULATION

OPTIMIERUNG

Inhaltsverzeichnis

1. Vorwort

Die Problematik der Modellierung technisch-ökonomischer Aufgaben ist ein bereits seit einer Reihe von Jahrzehnten aktuelles Thema. Mit dem Einzug der Computertechnik hat sich der Umgang mit Modellen sehr vereinfacht und ist zu einer Selbstverständlichkeit in nahezu allen Bereichen menschlicher Tätigkeit geworden.

Ein geschaffenes Modell erfasst das Verhalten eines konkreten Systems, einer konkreten Tätigkeit, eines konkreten Elements usw. Der Zweck besteht darin, ein Instrument zu erlangen, mit dem die Entscheidungsschritte verfolgt und analysiert werden können, die nachfolgend in einem praktischen Fall realisiert werden. Bei der Lösung verschiedener Aufgaben werden die Ziele abgesteckt, die erreicht werden sollen, und es werden solche Entscheidungsschritte gesucht, mit deren Hilfe diese Ziele erreicht werden. Neben den hauptsächlichen Zielen wird gewöhnlich eine Reihe von Bedingungen für weitere Parameter des Projektes markiert, die man *minimieren* bzw. *maximieren* oder auf einem bestimmten Niveau bzw. in vorgegebenen Grenzen halten will. Bei einer solchen Formulierung der Aufgabenstellung sprechen wir bereits über die Suche nach einer Lösung, die die gestellten Bedingungen und abgesteckten Ziele am besten erfüllt. Es handelt sich folglich um eine Optimierungsaufgabe. Ein einfaches Beispiel kann die Errichtung und Betreibung eines Mietshauses sein, wobei das Hauptziel ist, es zu bauen und dann die Wohnräume zu vermieten. Der zu maximierende Parameter wird die Gewinnrate des Projekts sein.

Für eine effektive Steuerung von Projekten bzw. beliebigen anderen Prozessen ist es unerlässlich, solche Maßnahmen zu treffen, bei denen man mit einer gewissen Sicherheit die Auswirkung auf die Ergebnisse der Lösung vorhersehen kann. Im modernen Trend und Konkurrenzdruck genügt es nicht, eine solche Entscheidung nur nach eigener Intuition zu treffen, sondern es ist notwendig, von einer Reihe von Analysen und Untersuchungen auszugehen.

Für die Beobachtung der Auswirkung von Entscheidungsschritten dient am besten ein Modell, das das Verhalten der realen Prozesse in Abhängigkeit von den Änderungen verschiedener Parameter erfasst. Bei der Arbeit mit einem so konstruierten Modell lässt sich bereits mit verschiedenen Methoden eine Reihe von Informationen gewinnen, die nicht nur die Reaktion des Modells auf einen gegebenen Impuls aufzeigen, sondern auch konkrete Verfahren empfehlen, die der Anwender des Modells unter den gegebenen Bedingungen beschreiten sollte.

Für die verschiedenen Entscheidungsphasen dienen für die gleiche Aufgabe verschiedene Modelltypen. Die Verschiedenheit besteht vor allem in den Ansprüchen, die einerseits der Anwender an die Resultate stellt, und die auch umgekehrt an den Anwender gestellt werden. In der ersten Phase, wenn entschieden wird, ob das gegebene Projekt weiter betrieben wird, ist es nicht zweckmäßig, eine detaillierte Bearbeitung vorzunehmen, die Zeit und Geld kosten würde, sondern globale Informationen zu gewinnen, die mitteilen, ob es Sinn hat, sich mit dieser Problemstellung weiter zu befassen. Mit fortschreitender Durcharbeitung werden im Folgenden immer ausführlichere Informationen verwendet, bis zum Schluss ein komplettes Modell erstellt wird.

Mitarbeiter verschiedener Leitungsebenen befassen sich nur mit der Ausführlichkeitsstufe der Informationsausgabe am Modell, die in ihre Kompetenz fällt, wobei mit der jeweils höheren Leitungsstufe die Ausführlichkeit der Informationen schrittweise abnimmt.

Das geschaffene Modell sollte dynamisch und operativ sein, sonst ist seine Anwendung gering. Im Verlauf der Realisierung kommt es zu Reihen von Änderungen, die das Modell widerspiegeln und präzisieren muss.

Eine Reihe von Aufgaben wiederholt sich oft oder wird auf die gleiche Weise gelöst und es können daher universelle Modelle verwendet werden, die sich durch die Einstellung der Parameter dem konkreten zu lösenden Problem anpassen.

Technisch-ökonomische Modelle sind durch eine Reihe von Specifika gekennzeichnet, die bedeutenden Einfluss auf die Art und Weise der Suche nach der optimalen Lösung haben. Als erstes solches Spezifikum kann die große Eingabeanzahl des gleichen Datentyps genannt werden, als da sind verschiedene Budgets u.dgl. Eine weitere Eigenart ökonomischer Berechnungen sind z.B. im Unterschied zu technischen Berechnungen geringere Ansprüche an die Genauigkeit der Berechnung. Viele ökonomische Aufgaben gehen nicht von exakten Daten aus, sondern nur von Prognosen und Schätzungen. Hier kommen die Risiken und Unsicherheiten zum Tragen, die durch stochastische Parameter beschrieben werden. Nicht zuletzt können diese Modelle Diskontinuitäten und lokale Extreme aufweisen, die die Suche nach der optimalen Lösung erschweren.

Die Risiken und Unsicherheiten, die mit ökonomischen Modellen verknüpft sind, bringen das Problem mit sich, auf welche Weise die Eingabedaten des Modells einzugeben sind. Sofern nur ein gewisser Mittelwert verwendet wird, erhält man ein Ergebnis, das allerdings sehr verzerrt sein und oft nicht der wirklichen Situation entsprechen wird. Durch die Eingabe von Parametern in Form des Verhaltens je nach dem Auftreten der gegebenen Wahrscheinlichkeitsverteilung erhält man mittels Simulation eine Gruppe von Ergebniswerten, die weiter verarbeitet werden muss. Nach der statistischen Auswertung gewinnt man im Unterschied zu dem einen Ursprungswert eine Reihe weiterer Informationen. Es kommt dann darauf an, das Risiko, das man einzugehen bereit ist, zu wählen und danach bei der Suche der Lösung vorzugehen, die mit einem bestimmten Wahrscheinlichkeitsmaß ermittelt wird.

Die Optimierung großer Datenvolumina ist im Falle nichtlinearer Abhängigkeiten ein großes Problem. Oft ist es notwendig, die Aufgabe in bestimmte Zweige aufzuteilen, die sich unabhängig verhalten, und die Optimierung nach den einzelnen Stufen des *Abhängigkeitsbaums* durchzuführen. In Fällen, wo kein Nachdruck auf hohe Genauigkeit gelegt wird, muss man bei der Vereinfachung der Vergabe auf den Ausschluss grober Fehler achten, welche die Ergebnisse unangemessen verfälschen.

Auch auf den ersten Blick nicht allzu umfangreiche Berechnungen können infolge von Diskontinuitäten und lokalen Extremen für eine Reihe von Optimierungsverfahren einen unlösbaren Fall verursachen. Die ungeeignete Wahl des Optimierungsverfahrens wird auch durch eine leistungsfähige Computertechnik nicht kompensiert, wenn die Zeiten für die Lösung unproportional lang sind und das Ergebnis mit hoher Wahrscheinlichkeit in einem lokalen Extrem endet.

2. Fehleranalyse

Der erste Schritt, der bei der Arbeit mit Modellen unerlässlich ist, ist die Fehleranalyse. Das Ziel besteht darin, potenzielle formelle Fehler auszuschließen, die bei der Eingabe der parametrischen Daten ins Modell entstanden sind. Damit ist nicht die Genauigkeit und Qualität der Quelle der eingegebenen Daten gemeint. Diese lässt sich im Allgemeinen nicht bearbeiten. Es handelt sich vielmehr darum, die Stellen ausfindig zu machen, wo es ungültige oder nicht eingegebene Werte gibt, beziehungsweise die hierarchische Struktur der zusammenhängenden Daten zu verfolgen. Diese Fehler treten vor allem in umfangreichen tabellarischen Berechnungen auf, wo eine visuelle Kontrolle bereits faktisch unmöglich ist. Zur Lösung dieser Problematik wurden die Applikation FaultCell, die auf das Auffinden potenzieller Fehler in Tabellenkalkulationen ausgerichtet ist, und die Applikation *Tree*, welche die Frage der hierarchischen Datenstufe löst, entwickelt. Beide Applikationen werden in [2] und [13] vorgeführt.

2.1. Abriss des zu lösenden Problembereichs

Die Applikation *FaultCell* ist zur Kontrolle von Tabellenkalkulationen vom Gesichtspunkt der richtigen Ausfüllung der Zellen der Tabelle bestimmt, die ein System von Berechnungen der gegebenen Tabellenkalkulation bilden. Das Prinzip besteht im Auffinden *verdächtiger* Zellen, die einen falschen Wert enthalten könnten. Als „verdächtige" Zelle können Texte, die direkt in die Berechnung eingeordnet sind, Nullwerte und leere Zellen angesehen werden. Der Ursprung dieser Fehler entsteht am häufigsten in einer Situation, wenn im Moment der Eingabe einer Gruppe von Daten eines bestimmten Typs (Summierungen u.dgl.) nicht alle Werte zur Verfügung stehen (wenn z.B. mit der späteren Ausfüllung gerechnet wird). Der Finalwert wird ausgerechnet, aber das Ergebnis ist falsch und *optisch ist nicht zu erkennen*, dass die Abweichung das Ergebnis einer falsch ausgefüllten Zelle ist. Die optische Kontrolle ist praktisch in größeren Tabellen nicht lösbar.

Ein konkretes Beispiel kann eine *Analyse der Wirtschaftsführung* eines Unternehmens sein, wo man die Quartalsergebnisse der Wirtschaftsführung verfolgt. Es kann sein, dass in einem Quartal die Werte für einen Monat nicht ausgefüllt wurden. Aus der Gesamtsicht ist allerdings ein Abfall des Ergebnisses der Wirtschaftsführung im betreffenden Quartal ersichtlich, es ist aber nicht ersichtlich, ob es sich nicht um einen Fehler oder doch um den tatsächlichen Sachverhalt handelt. Die Feststellung des Grundes für die Abweichung bedeutet oft, Hunderte von Zellen zurückzuverfolgen, was eine Reihe von Erschwernissen mit sich bringt.

Ein anderes Beispiel kann eine *Angebotskalkulation* oder ein *Steuerbeleg* sein, wo die einzelnen Posten eine Summierung in teilweisen Zwischenergebnissen enthalten können.

Ein Musterbeispiel, wie schwierig auch bei einer relativ einfachen Applikation die Ermittlung eines eingeschleppten Fehlers ist, zeigen Tabelle 1 und Tabelle 2.

Die Applikation löst dieses Problem durch eine automatische Prüfung aller Zellen, welche die betreffende Rechenkette bilden, und durch die Prüfung des Inhalts der Zellen. Sie stellt verdächtige Zellen fest, die sie farblich markiert, und stellt ein selbständiges Register zusammen (Heft/Blatt), in dem die verdächtigen Zellen mit ihrer Lokalisierung, der Bezeichnung und dem fehlerhaften Inhalt angeführt werden. Ein weiterer Bereich, den die Applikation behandelt, ist die Kontrolle der Schreibung von Zahlenkonstanten. Sofern in Formeln Zahlenkonstanten gebraucht werden, ist es ratsam, sie in einem vorher bestimmten Bereich von Zellen zu bewahren und sie nicht direkt in den Text der Berechnungsformeln selbst zu schreiben. Dieses Verfahren ist bei einer eventuellen Korrektur oder Änderung der Konstante von Vorteil. Vielfach geht eine Konstante in mehrere Formeln ein, und ihre Korrektur würde die Umschreibung aller Formeln bedeuten, in denen sie enthalten ist. Bestenfalls handelt es sich nur um eine arbeitsaufwendige Angelegenheit ohne weitere Folgen. In einer Situation, wo es irrtümlich infolge der Unübersichtlichkeit oder des Außerachtlassens von Stellen des Auftretens einer Konstante zur Entstehung eines unerwünschten Fehlers kommt, der die ganze Berechnung wertlos machen kann.

Die Applikation *FaultCell* kontrolliert, ob alle Konstanten außerhalb der Formel selbst abgelegt sind, und wenn nicht, markiert sie die Zelle, die eine Formel mit einer Konstante enthält, farbig und trägt sie ins Register ein, siehe Tabelle 3.

Beschreibung	Menge Material A	Menge Material B	Menge Material C	Insgesamt
1.Monat	1080	100	500	1680
2.Monat	nicht bekannt	95	490.	95
3.Monat	2010	90	470	2570
1.Q.	1090	285	970	4345
4.Monat		85	360	2645
5.Monat	1600	80	ergänzt A.K.	1680
6.Monat	1800	75	520	2395
2.Q.	5600	240	880	6720
7.Monat	2000	70	46 5	2070
8.Monat	180O	65	400	465
9.Monat	1900	60	430	2390
3.Q.	3900	195	830	4925
10.Monat	1500		500	2000
11.Monat	1400	50	490	1940
12.Monat	2100	45	510	2655
Beschreibung	5000	95	1500	6595
1.Monat				22585

Tabelle 1. Versteckte Fehler

6

Beschreibung	Menge Material A	Menge Material B	Menge Material C	Insgesamt
1.Monat	1080	100	500	1680
2.Monat	nicht bekannt	95	490.	95
		90	470	2570
		285	970	4345
4.Monat	2200	85	360	2645
5.Monat	1600	80	ergänzt A.K.	1680
6.Monat	1800	75	520	2395
2.Q.	5600	240	880	6720
7.Monat	2000	70	465	2070
8.Monat	180O	65	400	465
9.Monat	1900	60	430	2390
3.Q.	3900	195	830	4925
10.Monat	1500		500	2000
11.Monat	1400	50	490	1940
12.Monat	2100	45	510	2655
4.Q.	5000	95	1500	6595
insgesamt				22585

Tabelle 2. Gefundene Fehler

Count:	5	
Address	Value	Name
List2!$E$18	22585	insgesamt
List2!$C$14		10. Monat Menge Material B
List2!$B$11	180O	8. Monat nicht bekannt
List2!$D$7	ergänzt A.K.	5. Monat 490.
List2!$B$3	nicht bekannt	2. Monat Menge Material A
List2!$D$3	490.	nicht bekannt Menge Material C

Tabelle 3. Liste *verdächtiger* Zellen

2.2. Beschreibung der Applikation FaultCell

Die eigentliche Applikation wird in eine selbständige Datei des Programms Excel implementiert. Die Anwendung für Tabellenkalkulationen wird bei paralleler Öffnung der Applikation und des Hefts /der Hefte mit den Berechnungen mit Hilfe einer Tastenleiste realisiert, die nach Öffnung der Datei *FaulCell.xls* erscheint (beim Start müssen Makros ⚖ ☹ ♡ aktiviert werden).

> ➢ Die Fehleranalyse für die gewählte Berechnungsstruktur wird so aufgerufen, dass zuerst der Zellenkursor auf die Zelle gesetzt wird, in der der Finalwert der Berechnungen gespeichert ist, die überprüft werden sollen.

> ➢ Schließlich läuft durch Anklicken der Taste *Search* die ⚖ eigentliche Applikation an.

Der Finalwert wird rot markiert, und es kommt zum schrittweisen Durchsuchen des Berechnungsraums, der den Baum der Rechenoperationen zur Bildung des Finalwerts bildet. Nach Auffinden der Primärdaten, also der Konstanten am Ende der einzelnen Zweige des Baums wird der Inhalt der Zellen geprüft, ob er nicht fehlerhaft ist. Sofern der Inhalt einer Zelle als *verdächtig* erscheint, wird die Zelle gelb markiert.

Im Register (Applikationsblatt) - siehe Tabelle 3 - wird die Liste der „verdächtigen" Zellen erstellt. In der Liste wird als erster der Finalwert angegeben, zu dem „verdächtige" Werte gesucht wurden, und darunter werden die eventuell gefundenen fehlerhaften Zellen angezeigt.

Die Position *Count:* drückt die Anzahl der fehlerhaften Werte aus.

Die Bezeichnungen für gefundene fehlerhafte Zellen werden aus dem in der Zeile der betreffenden Zelle nächststehenden plus den nächststehenden Text in der betreffenden Spalte gebildet. Sofern einer dieser Texte nicht zur Verfügung steht, wird er durch eine Zahl ersetzt, die die Nummer der Zeile bzw. der Spalte ausdrückt. In der Zelle *C1* im Blatt *Register* ist der Wert gespeichert, der die Mindestlänge des Textes ausdrückt, der als Bezeichnung betrachtet wird. So bedeutet z.B. die Zahl 4, dass Texte aus drei und weniger Buchstaben nicht für die Bildung der Bezeichnung für eine Zelle in Betracht kommen. Diese Vorkehrung verhindert fehlerhafte Benennungen wie z.B. im Falle von Budgets, wo hinter der Positionsbezeichnung die Mengeneinheit angeführt sein kann und damit nicht die tatsächliche Bezeichnung der Position in Betracht gezogen würde, sondern ein bereits früher gefundener Text, der die Bezeichnung der Mengeneinheit beinhaltet, was die Orientierung des Benutzers verschlechtern würde.

Parallel mit der Suche verdächtiger Zellen werden die Zellen, die eine Zahlenkonstante innerhalb der geschriebenen Formel enthalten, *blau markiert*. Eine Liste dieser Werte wird auf dem Blatt *Register2* gespeichert.

Durch Drücken der Taste *Remove colours* ☹ wird die Einfärbung der Zellen im aktuellen Blatt beseitigt.

Mit der Taste *About* ♡ werden Informationen über die Applikation angezeigt.

Anmerkung:

Nach dem Start der Suche verdächtiger Zellen werden die alten Werte in den Blättern Register und Register2 gelöscht und dort die neu gefundenen Zellen eingeschrieben.

2.3. Beschreibung der Applikation *Tree*

Eine weitere Kontrolle von Tabellenberechnungen ist die visuelle Überprüfung der Struktur vom Gesichtspunkt der Wertehierarchie. Jede Berechnung wird aus einzelnen Berechnungszweigen gebildet, die den Berechnungsbaum bilden.

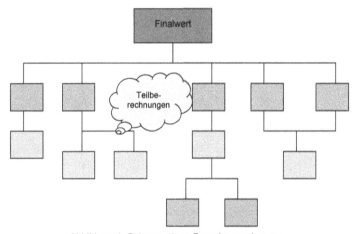

Abbildung 1. Schema eines Berechnungsbaums

Bestimmte Typen von Daten und Operationen treten gewöhnlich in einer Ebene des Berechnungsbaums auf, wie es die Abbildung 1 farblich darstellt.

Die Applikation *Tree* geht ähnlich wie die Applikation *FaultCell* die ganze Berechnungsstruktur des gewählten Finalwerts durch und markiert die einzelnen Stufen des Berechnungsbaums durch Einfärben der Zelle nach ihrer Stellung in der Hierarchie des Berechnungsbaums.

Der Start der Applikation erfolgt analog wie bei *FaultCell*. Man beginnt mit der Öffnung der Datei *Tree.xls*.

> Der Zellenkursor wird in die Zelle gesetzt, in der der Finalwert der Berechnungen eingetragen ist, für die die Hierarchie des Berechnungsbaums abgebildet werden soll.

> Schließlich läuft durch Anklicken der Taste *Search* ⚖ die eigentliche Applikation an.

Das Ergebnis ist ein farblich gegliedertes Blatt mit den Berechnungen, wie es Tabelle 4 zeigt.

	A	B	C	D	E	F	G	H	I	
1										
2		Bereich A					Bereich B			
3			Index					Index		
4			0,9					0,7		
5		Menge	EP				Menge	EP		
6		20	2	36			58	5	203	
7		15	5	67,5			24	6	100,8	
8		30	9	243			69	9	434,7	
9		60	7	378			54	6	226,8	
10		15	6	81			25	5	87,5	
11		20	3	54			24	4	67,2	
12		25	4	90			89	8	498,4	
13		65	5	292,5			45	2	63	
14		68	8	489,6			69	7	338,1	
15		36	2	64,8			57	2	79,8	
16		26	6	140,4			12	6	67,2	
17		57	9	461,7			36	4	100,8	
18		12	4	43,2			45	5	157,5	
19		69	7	434,7			47	8	263,2	
20		45	8	324			56	8	313,6	
21			Summe	3200,4				Summe	3001,6	
22										
23										
24		Bereich A + Bereich B								
25			Gesamt	6202						

Tabelle 4. Beispiel der Schichtauflösung der Berechnung

Es ist auf den ersten Blick ersichtlich, welche Werte auf der gleichen Hierarchieebene liegen. Sofern einige Werte, von denen wir annehmen, dass sie in der gleichen Ebene liegen sollen, unter verschiedener farblicher Markierung erscheinen, ist dies für uns ein *Signal, dass in der Tabelle nicht alles in Ordnung sein muss* und es also zu einem Fehler bei ihrer Erstellung gekommen sein kann.

Die Fehleranalyse, wie sie weiter oben beschrieben wurde, findet die größte Anwendung in umfangreichen Tabellenkalkulationen, wo der Benutzer leicht die Übersicht verliert. Vielfach entstehen Fehler auch in solchen Fällen, wo der Benutzer zu früher bearbeiteten Tabellen zurückkehrt oder Berechnungen von einer anderen Person übernimmt und sich somit auf die Richtigkeit der Tabelle verlässt, die nie garantiert ist.

Selbstverständlich können die erwähnten Applikationen nicht alle möglichen potenziellen Mängel von Tabellenkalkulationen erfassen, aber sie bemühen sich, einen möglichst hohen Prozentsatz der potenziellen Probleme zu erfassen, die die Ausgaben aus dem Modell abwerten könnten.

3. Sensitivitätsanalyse

Die Berechnungen ökonomischer Modelle sind von einer ganzen Reihe von Parametern abhängig. Für die Benutzer ist die Information wichtig, welche der gegebenen Parameter auf das *Ergebnis* wesentlichen *Einfluss* haben und welch nicht. Diese Aufgliederung ermöglicht es, sich auf die bedeutsamen Punkte zu konzentrieren.

Die Beschäftigung nur mit Eckwerten oder mit bis zu einem bestimmten Grad empfindlichen Parametern hängt mit der Bestimmung des Genauigkeitsmaßes des Ergebnisses der Lösung der Aufgabe zusammen. Für unwesentliche Elemente können Lösungen in einem gröberen Raster gesucht werden oder sie können ohne Optimierung belassen werden. Auf diese Weise erzielt man eine wesentliche Erleichterung und eine Zeitverkürzung bei der Lösungssuche. Damit es allerdings nicht zu einer erheblichen Entstellung des Modells kommt, ist es notwendig, solche Parameter zu wählen, die keine große Bedeutung für eine Änderung der resultierenden Lösung der Aufgabe haben.

Zur Aufgliederung der Parameter nach ihrer Bedeutsamkeit dient die Sensitivitätsanalyse oder Parametrisierung, wobei man durch Verfolgung der Veränderung des Finalwertes der Berechnung bei der Veränderung eines Parameters in einem bestimmten Intervall das Maß des Einflusses des Parameters auf das Ergebnis feststellt. Man muss allerdings gut auf die Interaktion der Parameter untereinander Acht geben, weil diese aus einem auf den ersten Blick unbedeutenden Element ein Schlüsselelement machen kann.

3.1. Beschreibung der Applikation *Balance Sensitivity*

Das Programm *Balance Sensitivity* (enthalten in [2] und [13]) dient zur Ermittlung des Sensitivitätsmaßes parametrischer Größen für den verfolgten Wert und zur optischen Kotrolle der Tabellenverknüpfungen, ob bestimmte Daten nicht in tote Zweige gelangt sind. Die eigentliche Applikation stellt ein Modul dar, das in die Umgebung des Tabellenkalkulationsprogramms Excel implementiert ist, wo mit Hilfe einer Tastenleiste die eigentlichen Instrumente zur Unterstützung der Bestimmung der Empfindlichkeit der Berechnungen und Verknüpfungen in der konkreten Tabelle zugänglich sind.

Die Lösung dieser Problematik wird durch eine grafische und Textübersicht durchgeführt. Eine Farbenanalyse markiert die einzelnen Parameter farbig nach ihrer Einordnung in *Empfindlichkeitskategorien*, die vorher festgelegt worden sind. Zur Bestimmung des genauen Sensitivitätsgrads wird eine Werteliste mit Angabe des konkreten Empfindlichkeitswerts für jeden Parameter angelegt. Alle Primärwerte, die in die Berechnungen des beobachteten Finalwerts eingehen, erscheinen farbig, und es ist damit zu sehen, wohin die Berechnungszweige reichen und welche Werte beiseite (in blinden Zweigen) geblieben sind.

Die eigentliche Applikation wird in eine eigenständige Datei des Programms Excel implementiert. Die Nutzung für Tabellenkalkulationen wird bei paralleler Öffnung der Applikation und des Heftes/der Hefte mit den Berechnungen mit Hilfe einer Tastenleiste realisiert, die nach Öffnung der Datei *BalSens.xls* erscheint (beim Start müssen Makros ⚖ ⚙ 🛢 ☹ ♡ aktiviert werden).

> ➤ Die Sensitivitätsanalyse des Wertes, für den die Parameter und ihr *Gewicht* gesucht werden, wird so aufgerufen, dass zuerst der Zellenkursor auf die Zelle gesetzt wird, in der der Finalwert gespeichert ist.

> ➤ Die Applikation wird durch Anklicken der Taste *Sensitivitätsanalyse* ⚖ gestartet.

Der Finalwert färbt sich *rot*, und es werden die Zellen durchsucht, die den Berechnungsbaum für den Finalwert bilden. Nach dem Finden der Primärdaten, also der Konstanten am Ende der einzelnen Zweige des Baums, färben sich die gefundenen Zellen *hellgelb*.

Im Dialog *Sensitivitätsanalyse* (Abb. 2) können die geforderten Werte der Parametrisierung gewählt werden. Im Feld *Parameter: Parametrieren im Bereich +/-* wird eine ganze Zahl im Bereich von 0 bis 100 gewählt, die für alle *hellgelb* gefärbten Parameter die Ober- und Untergrenze der Parametrisierung festlegt. Die Ober- und Untergrenze wird für jeden Parameter mit Hilfe des aktuellen Werts der gegebenen Zelle, zu dem der zugehörige Prozentsatz hinzugezählt bzw. abgezogen wird, berechnet. Der Wert der Parametrisierung kann auch mit Hilfe des zugehörigen Läufers eingestellt werden.

In den Feldern bei den grünen und blauen Rechtecken wird die Sensitivitätskategorie der einzelnen Parameter gewählt. Die Kategorien drücken die prozentuale Änderung des (roten) Finalwerts bei der Realisierung der Parametrisierung der einzelnen (hellgelben) Parameter aus. Der Parameter färbt sich in der Farbe der höchsten Kategorie, die bei der Parametrisierung des konkreten Parameters überschritten wird.

Die Änderung des beobachteten (roten) Werts lässt sich entweder bei der Abnahme, beim Zuwachs oder absolut kontrollieren, wobei der höhere Wert aus den vorhergehenden zwei Möglichkeiten in Betracht kommt.

Durch Anklicken der Taste *Werte vorschlagen* werden die Werte der Sensitivitätskategorien auf solche Art ausgefüllt, dass aus der letzten stattgefundenen Parametrisierung das größte und kleinste Einflussmaß genommen und daraus eine gleichmäßige Verteilung der Sensitivitätskategorien vorgeschlagen wird.

> ➤ Nach Einstellen der Werte im Dialog klicken Sie die Taste *OK* an.

Nun verfärben sich nach und nach die einzelnen (hellgelben) Parameter in die betreffende Farbe, die die Sensitivitätskategorie ausdrückt.

Das Parameterverzeichnis ist mit seinem Sensitivitätsmaß im Blatt *BalanceSensitivity* (Blatt Applikation) angegeben, siehe Tabelle 5. Im Verzeichnis ist als erster der Finalwert angegeben, zu dem Parameter gefunden worden sind, mit Angabe des Prozentwerts, mit dem die einzelnen Parametrisierungen realisiert worden sind. Des Weiteren ist eine Aufzählung der Parameter mit Ortung, dem Sensitivitätsmaß, dem Namen und dem Wert angeführt, den sie enthalten.

Die Position *Count:* drückt die Anzahl der gefundenen fehlerhaften Werte aus.

Die Bezeichnungen für die gefundenen Zellen der Parameter werden aus dem nächstliegenden Text in der Zeile der betreffenden Zelle plus dem nächstliegenden

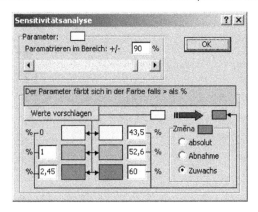

Abbildung 2. Dialogfenster *Sensitivitätsanalyse*

Text in der gegebenen Spalte gebildet. Sofern einer dieser Texte nicht zur Verfügung steht, wird er durch eine Ziffer ersetzt, die die Zeilen- bzw. Spaltennummer darstellt. In der Zelle *C1* im Blatt *BalanceSensitivity* ist der Wert gespeichert, der die Mindestlänge des Textes darstellt, der als Bezeichnung betrachtet wird. Zum Beispiel bedeutet die Ziffer 4, dass Texte aus drei und weniger Buchstaben für die Bildung der Bezeichnung für die Zelle nicht in Betracht kommen.

	A		B	C	D
1	Sort	Count:	7		
2		Address	Sensitivity	Name	Value
3	[BalSens.xls]List1!$E$15	80%		Gesamt pries	240561
4	[BalSens.xls]List1!$E$8	0,016628		einschl. Untermauerung und T	5000
5	[BalSens.xls]List1!$E$9	0,217704		Gartenflächen pries	65464
6	[BalSens.xls]List1!$E$10	0,066511		Aufzug pries	20000
7	[BalSens.xls]List1!$E$11	0,085763		Entlüftung pries	25789
8	[BalSens.xls]List1!$E$12	0,18553		Elektro-Anlagen pries	55789
9	[BalSens.xls]List1!$E$13	0,187774		Signal-Anlagen pries	56464
10	[BalSens.xls]List1!$E$14	0,04009		Steueranlage pries	12055

Tabelle 5. Verzeichnis der Parameter

Durch Anklicken der Taste *Sort* erfolgt die Anordnung der Parameter nach dem Sensitivitätsmaß vom empfindlichsten bis zum am wenigsten empfindlichen.

3.1.1. Parametrisierungsdiagramm

Die Verläufe der Abhängigkeiten, die bei der Sensitivitätsanalyse berechnet worden sind, kann man in einem Übersichtsdiagramm (siehe Abbildung) ansehen, wo weitere Modifizierungen vorgenommen werden können.

> ➢ Das Parametrisierungsdiagramm erscheint beim Anklicken der Ikone mit der Bezeichnung *Sensitivitätsdiagramm*.

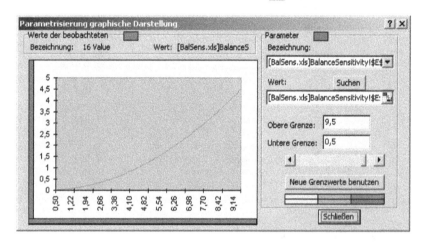

Abbildung 3. Dialogfenster *Parametrisierungsdiagramm*

Die einzelnen Abhängigkeiten der Parameter erscheinen nach dem Finden der betreffenden Bezeichnung im Auswahlverzeichnis. Im Diagramm sind die Werte der beobachteten (*roten*) Größe auf der *y*-Achse und die einzelnen Parameter auf der *x*-Achse abgebildet. Die zugehörige Zuordnung eines Parameters in die Sensitivitätskategorie kann in den Indikationsfeldern verfolgt werden, wo aktuell die Farben der Einfärbung des betreffenden Parameters erscheinen.

Die Namen der Parameter können mit einer neuen Bezeichnung direkt im Feld des Auswahlverzeichnisses umgeschrieben werden.

Die Parameter können auch anhand ihrer Adresse gesucht werden, und zwar durch Eingabe des Verweises auf die Zelle des betreffenden Parameters in das Feld *Wert:* und Anklicken der Taste *Suchen*. Sofern der Wert im Verzeichnis ist, wird seine Abhängigkeit im Diagramm abgebildet.

Die Ober- und Untergrenze lässt sich auch ändern, indem ihre Werte direkt in den gegebenen Feldern umgeschrieben werden oder indem durch den Läufer die Größe der Spanne zwischen diesen Werten vergrößert oder verkleinert wird.

Sofern die neuen Grenzwerte zur Einordnung eines Parameters in die betreffende Sensitivitätskategorie, die durch die betreffende Einfärbung dargestellt wird, verwendet werden sollen, erreiht man dies durch Anklicken der Taste *Neue Grenzwerte benutzen*.

Das Diagramm wird durch Anklicken der Taste *Schließen* geschlossen.

Die Sensitivitäts-Musterzuordnung nach Farben ⬛ erscheint durch Anklicken der Taste *Sensitivitäts-Musterzuordnung nach* ⬛ *Farben*. Die Musterzuordnung nach Farben dient zum Vergleich der Einfärbung der Zellen im Blatt mit der Sensitivitätsskala, die Sie gewählt haben.

Durch Anklicken der Taste *Farben löschen* wird die ⊗ Einfärbung der Zellen im aktuellen Blatt beseitigt.

Mit der Taste *Etwas über die Applikation* ♡ werden Informationen über die Applikation abgebildet.

4. Simulation

Zur Verfolgung des Verhaltens von Modellen mit Parametern stochastischen Charakters dienen Simulationsverfahren. Das bekannteste Verfahren zur Modellierung realer Erscheinungen von zufälligem Charakter ist die *Monte-Carlo-Methode* (siehe [8]). Die Methode besteht in der Generierung einer bestimmten Anzahl von Lösungen eines gegebenen Modells mit der Maßgabe, dass in jedem Simulationsschritt die Parameter nach einer vorgegebenen Wahrscheinlichkeitsverteilung ihres Auftretens generiert werden. Zum Schluss werden die Ergebnisse aller Simulationen statistisch ausgewertet.

Der erfolgreiche Ablauf der Simulationen hängt vor allem von der richtigen Bewertung des Verhaltens der Parameter durch die betreffende Wahrscheinlichkeitsverteilung des Auftretens der Werte ab. Die Wahrscheinlichkeitsverteilung kann z.B. durch die Interpolation historischer Daten durch einen bekannten Verteilungstyp oder eine hier neu eingeführte Expertenschätzung ermittelt werden, die in der verbalen Beschreibung des Verhaltens eines Elements besteht, aus dem schließlich die betreffende Verteilung generiert wird.

4.1. Kurzbeschreibung der Applikation *Simulations*

Das Programm *Simulations* dient zur Durchführung von Simulationen von Tabellenberechnungen mit der Maßgabe, dass sich die einzelnen Parameter der Berechnung nach einem geeigneten Typ der Wahrscheinlichkeitsverteilung des Auftretens richten. Die eigentliche Applikation stellt ein Modul dar, der in die Umgebung des Tabellenkalkulationsprogramms Excel implementiert ist, wo mit Hilfe der betreffenden Leiste die Instrumente zur

Unterstützung der Festlegung der Sensitivität der Berechnungen und Verknüpfungen in einer konkreten mit dem Tabellenkalkulationsprogramm erarbeiteten Tabelle zugriffsbereit sind.

Die Applikation sucht *selbst die Parameter* heraus, von denen der verfolgte Wert abhängig ist, und bestimmt die Sensitivität des Einflusses einer Veränderung einzelner Elemente mit Hilfe der *Farbenanalyse* und ermöglicht des Weiteren die Zuordnung verschiedener Wahrscheinlichkeitsverteilungen des Auftretens, die beim Ablauf der Simulationen realisiert werden. Die Verteilungstypen können von expliziten Eingaben über eine Expertenschätzung bis zu empirischen Formen gewählt werden.

Der Start der Applikation beginnt mit dem Öffnen der Datei *Simulations.xls*.

Im Dialogfenster, das die Makros im Heft betrifft, muss man die Taste *Makros aktivieren* anklicken.

Jetzt erscheint ein Fenster mit Informationen über die Applikation und den berechtigten Benutzer.

Nach Anklicken der Taste *OK* erscheint die Menüleiste für die Simulation.

Gleichzeitig mit der Applikation müssen alle Hefte geöffnet sein, die verknüpfte Berechnungen enthalten, und über die Instrumentenleiste können in ihnen Simulationsinstrumente geöffnet werden.

4.1.1.   Sensitivitätsanalyse

Als erster Schritt vor dem Start der eigentlichen Simulationen läuft die Sensitivitätsanalyse ab, aus der weiter die Daten für die Simulationsverfahren gewonnen werden.

> ➢ Der Zellencursor wird auf die Zelle gerückt, für die sämtliche Parameter gefunden werden sollen, von denen sie abhängig ist, und man stellt das Maß der Sensitivität des Einflusses einer Änderung der zugehörigen Parameter auf den verfolgten Wert fest.

> ➢ Die Applikation wird durch Anklicken der Ikone mit der Bezeichnung 🔱 *Sensitivitätsanalyse* gestartet.

Im Dialog *Sensitivitätsanalyse* (Abbildung 4) können die geforderten Parameterwerte gewählt werden. Im Feld *Parameter: Parametrieren im Bereich: +/-* wird eine ganze Zahl im Bereich von 0 bis 100 gewählt, die für alle *gelb* eingefärbten Parameter die Ober- und Untergrenze der Parametrisierung festlegt (die Ober- und Untergrenze wird für jeden Parameter mit Hilfe des aktuellen Wertes der gegebenen Zelle berechnet, zu dem der betreffende festgelegte Prozentanteil hinzugerechnet oder abgezogen wird). Der Wert der Parametrisierung kann auch mit Hilfe des betreffenden Läufers eingestellt werden.

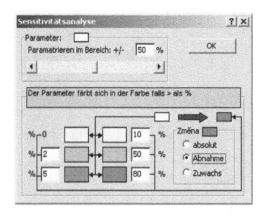

Abbildung 4. Dialogfenster *Sensitivitätsanalyse*

In den Feldern bei den grünen und blauen Rechtecken wird die Sensitivitätskategorie der einzelnen Parameter gewählt. Die Kategorien drücken die prozentuale Änderung des (*roten*) Finalwerts bei der Realisierung der Parametrisierung der einzelnen Parameter aus (*hellgelb*). Der Parameter wird mit der Farbe der höchsten Kategorie eingefärbt, die bei der Parametrisierung des konkreten Parameters überschritten wird.

Die Änderung des verfolgten (*roten*) Werts läst sich entweder bei der Abnahme oder der Zunahme absolut kontrollieren, wobei der höhere Wert von den vorausgegangenen zwei Möglichkeiten in Betracht gezogen wird.

Nach der Einstellung der Werte im Dialog klicken Sie die Taste *OK* an.

Nun färben sich nacheinander die einzelnen (hellgelben) Parameter in der betreffenden Farbe ein, die die Sensitivitätskategorie ausdrückt.

4.1.2. Simulationsverfahren

Dieser Teil knüpft an die Sensitivitätsanalyse an. Nach Auffinden aller Parameter für die gegebene Größe, zu diesen die Wahrscheinlichkeitsverteilungen des Auftretens ihrer Werte zugeordnet werden und dann eine bestimmte Anzahl von Simulationen gestartet wird, bei denen es zur Realisierung dieser Wahrscheinlichkeitsverteilungen kommt, und es wird das Auftreten der Werte der gegebenen Größe verfolgt, und dieses wird weiter statistisch ausgewertet (detailliert in [12]). Zu Beginn wird allen Werten pauschal eine gleichmäßige Verteilung zugeordnet, die mit Hilfe verschiedener Verfahren geändert werden kann.

Nach dem Ablaufen der Sensitivitätsanalyse erscheint nach dem Anklicken der Ikone mit der Bezeichnung *Simulation* das Dialogfenster *Simulationsparameter* (siehe Abbildung 5).

In diesem Dialog werden die Charakteristiken der einzelnen Parameter gewählt.

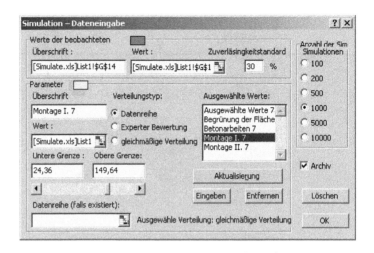

Abbildung 5. Das Dialogfenster *Simulationsparameter*

Sofern ein Parameter beim Ablauf der Simulationen ein statischer Wert sein soll, ist es notwendig, ihn aus dem Verzeichnis der stochastischen Werte zu entfernen. Die Entfernung des Parameters erreicht man durch folgende zwei Schritte:

- Im Verzeichnis *Parameter: Ausgewählte Werte:* klickt man die Bezeichnung des Parameters an, der entfernt werden soll.

- Weiter kommt es durch Anklicken der Taste *Entfernen* zu seiner Entfernung aus dem Verzeichnis der Parameter.

Falls es notwendig ist, einen stochastischen Parameter hinzuzufügen, der nicht im Verzeichnis ist, geht man wie folgt vor:

- Nach Ausfüllen der einzelnen Felder im Dialog *Simulationsparameter: Parameter:* geht man analog wie bei der Durchführung der Aktualisierung vor, die weiter unten angeführt ist, nur dass man an Stelle des Anklickens der Taste *Aktualisieren* die Taste *Hinzufügen* anklickt.

Die Aktualisierung einzelner Parameter verläuft auf folgende Weise:

- Im Verzeichnis *Parameter: Ausgewählte Werte:* wird die Bezeichnung des Parameters angeklickt, an dem Veränderungen vorgenommen werden sollen.

- Im Feld *Parameter: Bezeichnung:* kann der Name des Parameters geändert werden. Im Feld *Parameter: Wert:* ist die Adresse des gegebenen Wertes angegeben.

- In den Feldern *Untergrenze* und *Obergrenze* kann das Intervall des Auftretens des gegebenen Parameters geändert werden, was sich auch mit dem betreffenden Läufer ändern lässt.

18

- Im Feld *Parameter: Datenreihe:* wird ein Verweis auf die Zellen angeführt, falls eine Datenreihe der Werte des in der Vergangenheit beobachteten gegebenen Parameters zur Verfügung steht. Es wird nur ausgefüllt, sofern die Verteilung für den Parameter aus der Datenreihe bestimmt werden soll und die betreffenden Werte zur Verfügung stehen.

- Mit der entsprechenden Umschalttaste bei *Parameter: Auswahl der Verteilung:* wird gewählt, auf welche Weise die Verteilung des Auftretens des gegebenen Parameters in den bestimmten Grenzen bestimmt wird.

- Die Fortsetzung des Prozesses nach den betreffenden Einstellungen verläuft nach Anklicken der Taste *Aktualisieren.*

- Der weitere Lauf des Programms hängt von der Einstellung der Umschalttasten ab.

Sofern die Umschalttaste *Auswahl der Verteilung: gleichmäßig* gewählt worden ist, wird für den gegebenen Parameter im eingegebenen Intervall bei der Simulation die gleichmäßige Verteilung angewandt.

Im Fall der Auswahl der Umschalttaste *Auswahl der Verteilung: Durch Expertenschätzung* erscheint das Fenster *Expertenauswahl*, siehe Abbildung 6, wo mit Hilfe verbaler Bewertungen der Verlauf des Auftretens der Werte des Parameters gewählt wird. Die Verteilung wird in den festgelegten Grenzen nach der im Diagramm abgebildeten Form realisiert.

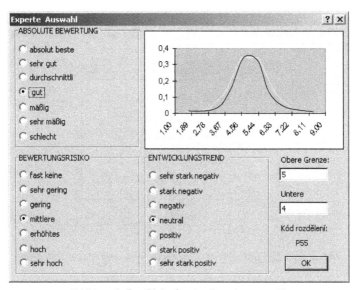

Abbildung 6. Das Dialogfenster *Expertenauswahl*

Die verbalen Charakteristiken in den einzelnen Feldern sind mit konkreten statistischen Größen verknüpft. Die Umschalter im Bereich ABSOLUTE

BEWERTUNG haben eine Beziehung zum Mittelwert. Das BEWERTUNGSRISIKO drückt die Streuung aus, und der ENTWICKLUNGSTREND hängt mit der Schrägheit der abgebildeten Verteilung zusammen. Jede Verteilung hat eine aus drei Zeichen bestehende Bezeichnung, die aus der Wahl der Umschalttasten abgeleitet ist. Nach der Wahl des geeigneten Typs der abgebildeten Funktion klicken Sie die Taste *OK* an.

Sofern im Dialogfenster *Simulationsparameter* Auswahl der Verteilung: aus der Datenreihe gewählt worden ist, erscheint ein Dialog, siehe Aabbildung 7 in dem der Benutzer die Wahl trifft, ob er zur Auswahl der Datenreihe die in der expliziten Form ausgedrückte Verteilung oder eine empirische verwenden will. Nach der Wahl wird weiter durch Anklicken der Taste *OK* fortgesetzt.

Abbildung 7. Das Dialogfenster *Verteilung*

Im Falle der Auswahl einer empirischen Verteilung erscheint das Fenster *Empirische Verteilung aus der Datenreihe* (Abbildung 8) mit der Darstellung, wie die Verteilung der Werte im Intervall verlaufen wird. Durch Anklicken der Taste *OK* wird das Fenster geschlossen.

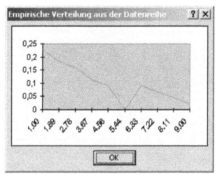

Abbildung 8. Das Dialogfenster *Empirische Verteilung aus der Datenreihe*

20

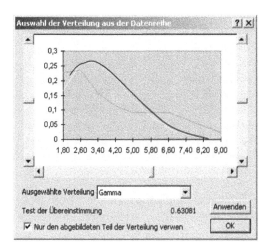

Abbildung 9. Das Dialogfenster *Auswahl der Verteilung aus der Datenreihe*

Im Falle der Auswahl der Verteilung in expliziter Form erscheint das Fenster *Auswahl der Verteilung aus der Datenreihe* (Abbildung), wo aus dem Speicher die die Datenreihe am besten treffende Verteilung ausgewählt wird (Algorithmen führt [9] an). Die Parameter der Verteilung lassen sich mit den zugehörigen Läufern anpassen. Die Rückführung des Läufers in die ursprüngliche Position erfolgt nach Anklicken der Taste *Ausgangsposition.* Die Übereinstimmung der Verteilung der Datenreihe mit der ausgewählten Verteilung drückt die Zahl *Test von guter Übereinstimmung (ich möchte das Quadrat):*[1] . Beim Markieren des Feldes *Nur den abgebildeten Teil der Verteilung verwenden* wird die betreffende Verteilung nur im Bereich des abgebildeten Intervalls generiert. Im Auswahlverzeichnis *Ausgewählte Verteilung:* kann die gewünschte Verteilung gewählt werden[2]. Das Fenster wird durch Anklicken der Taste *OK* geschlossen.

Der weitere Lauf des Programms ist für alle Auswahl-Varianten gemeinsam.

Im Feld *Beobachteter Wert: Zuverlässigkeitsniveau:* wird das Prozentniveau gewählt, auf dem der Wert der beobachteten Größe nach Ablauf der Simulation abgebildet werden wird.

Mit dem Umschalter bei *Anzahl der Simulationen* wird gewählt, wie viele Male der Algorithmus der Simulationen bei der Realisierung der gewählten Wahrscheinlichkeitsauftritte der einzelnen Parameter ablaufen soll.

Durch Markieren des Feldes *Archivierung* wird für die Ergebnisse der Simulation ein neues Blatt angelegt, in dem die Daten über den Verlauf und das Ergebnis der

---

[1] Es gilt: Je näher Null, desto größere Übereinstimmung ist erzielt.

[2] In der Bezeichnung der Verteilung wird das Symbol * angegeben. Im gegenteiligen Fall wird die Verteilung im gesamten Bereich generiert, für den sie definiert ist.

Simulationen gespeichert werden. Sofern die Ergebnisse nicht archiviert werden, kommt es beim wiederholten Start der Algorithmen zu ihrer Überschreibung.

Durch Anklicken der Taste *OK* beginnt der Simulationsalgorithmus zu laufen.

Während des Laufs der Simulationen erscheint ein Fenster mit der angenommenen Zeit des Abschlusses aller Simulationen. Die Ergebnisse der Simulationen erscheinen im Blatt *Simulationen* oder gegebenenfalls in der Archivierungsliste.

Die Sensitivitäts-Musterzuordnung nach Farben erscheint nach dem Anklicken der Ikone mit der Bezeichnung *Sensitivitäts-Musterzuordnung*. Die Musterzuordnung dient zum Vergleich der Einfärbung der Zellen im Blatt mit der Sensitivitätsskala, die Sie gewählt haben.

Die Entfernung der Zellenfärbung im aktiven   Blatt erfolgt nach Anklicken der Ikone mit der Bezeichnung *Farben* *entfernen*.

Informationen über die Applikation erscheinen nach   dem Anklicken der Ikone mit der Bezeichnung *Etwas über die Applikation*.

5. Optimierung einer Angebotskalkulation

Das häufigste und am meisten benutzte Modell in der Praxis des Baubetriebswirtschaftlers ist eindeutig die *Angebotskalkulation*. Dieser Bereich weist bestimmte Spezifika gegenüber anderen Modellen auf und ist so bedeutsam, dass ihm in dieser Arbeit ein besonderes Kapitel gewidmet ist. Die Struktur von Angebotskalkulationen ist immer identisch. Auf der einen Seite ist das Verzeichnis der Leistungen, zu denen ihre Preise und die Mengen bzw. Stückzahlen angeführt sind, in denen sie ausgeführt werden. Mit Hilfe der Summierung der Teilleistungen wird der Angebotspreis des Projektes gebildet. Mit dem solchermaßen genannten Schema kann durch unterschiedliches Herangehen eine Optimierungsaufgabe definiert werden, wie es im Folgenden und in der Kapitel 7 vorgestellte Applikation *DyeTender Optimizer* zeigt [3].

5.1. Die Applikation DyeTender Optimizer

Das Programm *DyeTender Optimizer* optimiert die Entwürfe der Angebotskalkulationen. Die Optimierung besteht in einer Änderung bestimmter Einzelpreise für die gegebenen Leistungen in den im Voraus bestimmten Grenzen mit der Maßgabe, dass der Wert der Einnahmen in der Zeit maximiert wird und gleichzeitig der im Moment der Angebotsabgabe geforderte Angebotspreis im Ganzen eingehalten wird. In diese Kalkulationen können auch Spekulationen über Änderungen der Mengen der einzelnen Leistungen eingeordnet werden, wo für den Bedarf der Optimierung (der Erträge aus erwarteten künftigen Nachträgen) die angenommenen Änderungen der Mengen einzelner Leistung eingegeben werden, die sich von den im Entwurf der Angebotskalkulation festgelegten Mengen unterscheiden. Dieser Teil hängt allerdings vom Typ des geschlossenen Vertrags ab,

22

in dem die Annahmen für die Bezahlung der tatsächlich ausgeführten Leistungen verankert sein müssen.

Das Programm *optimiert* den Ausgangsentwurf der mit einem Tabellenkalkulationsprogramm (z.B. Excel) ausgearbeiteten Angebotskalkulation. Die Daten können auf mehreren *Blättern* des *Heftes* erscheinen, müssen aber durch die in den einzelnen Zellen angegebenen Formeln verknüpft sein. Die Applikation erarbeitet ein beliebiges Schema der Angebotskalkulation, aber wegen der größeren Übersichtlichkeit bei der Optimierung selbst empfiehlt sich eine geeignete Anordnung der Positionen in den einzelnen Blättern mit Rücksicht auf die Vorgehensweise der nachfolgenden Bearbeitung der Berechnungen, wo folgende Regeln gelten:

> Bei der Bearbeitung werden die Inhalte der Zellen analysiert und es werden sämtliche Zellen gefunden, die an der Gesamthöhe des Angebotspreises beteiligt sind, mit der Maßgabe, dass für die weitere Optimierung die Endzellen der (durch die Formeln und Verweise gebildeten) Zweige ausgewählt werden.

> In den Zellen, wo konkrete Werte der Mengen und Einzelpreise angegeben sind, müssen Zahlenwerte sein (falls dort Verweise auf andere Zellen angeführt sind, werden diese Werte nicht als Finalwerte genommen, und zur weiteren Bearbeitung werden die Zellen genommen, auf die die Verweise gerichtet sind).

> Die Benennung der einzelnen Finalwerte wird aus dem gefundenen ersten Text links von der betreffenden Zelle plus dem nächsten Text unter der Zelle in der gegebenen Spalte zusammengesetzt.

> Sofern es Leistungen gibt, bei denen nur der Gesamtpreis angegeben und dieser nicht mit Hilfe von Menge und Einzelpreis ausgedrückt ist (z.B. Subunternehmerleistungen oder Festpreise), müssen sie in den Berechnungen wie folgt angeführt werden: für die Menge wird die Zahl 1 eingegeben und für den Einzelpreis der Wert des Gesamtpreises eingetragen.

Ein Beispiel einer einfachen Kalkulation zeigt die Tabelle 6.

	A	B	C	D	
1		Menge	Einheitspreis		Preise der einzelnen
	Beseitigung	300	55	16500	
	Mutterboden	1500	105	157500	
	Erdarbeiten Baugrube	250	420	105000	
	Schalung Fundamente	120	2350	282000	
	Betonarbeiten	1	24800	24800	Angebot
7				585800	SUME(D2:D6)

Tabelle 6. Beispiel einer einfachen Kalkulation

5.1.1.   Sensitivitätsanalyse und Einlesen der Kalkulation

Nach dem Öffnen der Datei *Dyetenopt.xls* erscheint das Dialogfenster (Abbildung), in dem ausgewählt werden kann, in welcher Sprache die Applikation weiter mit dem Benutzer kommunizieren wird. Zur Verfügung stehen Englisch, Deutsch und Tschechisch.

Nach dem Anklicken der Taste *OK* erscheint die Menüleiste *Optimizer*, die die Werkzeuge zur Erarbeitung der Kalkulation in Tabellenform enthält.

Abbildung 10. Das Dialogfenster *Informationen über die Applikation*

Das Einlesen der Kalkulation zur weiteren Bearbeitung erfolgt im Rahmen der Sensitivitätsanalyse, welche die Relevanz der Positionen im Hinblick auf den Gesamtpreis des Projektes markiert.

> ➢ Vor dem Aufrufen der Sensitivitätsanalyse muss der Zellencursor in die Zelle gesetzt werden, in der der Gesamtpreis der Angebotskalkulation beim zu bearbeitenden Projekt gespeichert ist.

> ➢ Die Applikation wird durch Anklicken   der Taste *Sensitivitätsanalyse* aufgerufen.

Die Zelle mit dem Inhalt des Gesamt-Angebotspreises färbt sich *rot*, und es beginnt die Suche der einzelnen Positionen der Kalkulation, aus denen er gebildet wird. Die Endstellen der einzelnen Abhängigkeitszweige färben sich *hellgelb*.

Im Dialog *Sensitivitätsanalyse*, siehe Abbildung 11 werden die gewünschten Werte der Parametrisierung gewählt.

Im Feld *Parameter: Parametrieren im Bereich: +/-* wird eine ganze Zahl im Bereich von 0 bis 100 ausgewählt, die für alle (*hellgelb gefärbten*) Parameter die Ober- und Untergrenze der Parametrisierung festlegt. (Die Ober- und Untergrenze wird für

24

jeden Parameter mit Hilfe des aktuellen Wertes der betreffenden Zelle berechnet, in der der zugehörige festgelegte Prozentanteil hinzugerechnet bzw. abgezogen wird). Der Parametrisierungswert kann auch mit Hilfe des betreffenden Läufers eingestellt werden.

In den Feldern bei den *grünen* und *blauen* Rechtecken kann die Sensitivitätskategorie der einzelnen Parameter eingestellt werden. Die Zahl drückt die Höhe der prozentualen Änderung des (*rot markierten*) Gesamt-Angebotspreises aus, die bei der realisierten Parametrisierung beim konkreten (*hellgelb* gefärbten) Parameter überschritten worden ist. Der (*hellgelbe*) Parameter verfärbt sich in die zugehörige Farbe, die der überschrittenen maximalen Grenze der prozentualen Veränderung des (*roten*) Gesamt-Angebotspreises entspricht.

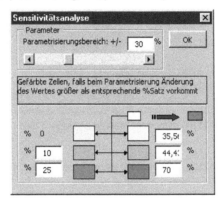

Abbildung 11. Das Dialogfenster *Sensitivitätsanalyse*

> Nach der Einstellung der Dialog-Parameter schreitet man durch Anklicken der Taste *OK* weiter fort

Nun verfärben sich nacheinander die einzelnen (*hellgelben*) Kalkulationspositionen in die entsprechende Farbe um, die die Sensitivitätskategorie ausdrückt. Nach der erfolgten Parametrisierung erscheint der Dialog *Zuordnung der Positionen zu den Einzelpreisen* (Abbildung 12), wo die Werte auf eine solche Weise in zwei Fenster zu sortieren sind, dass sich im linken Verzeichnis jeweils die Menge der einzelnen Positionen und im rechten Verzeichnis der zu ihnen angegebene Einzelpreis mit der gleichen Identifikationsnummer befindet. Das Programm erleichtert die Zuordnung der richtigen Positionen zueinander dadurch, dass es vor dem Ausfüllen der Tabelle die Positionen automatisch alphabetisch ordnet.

25

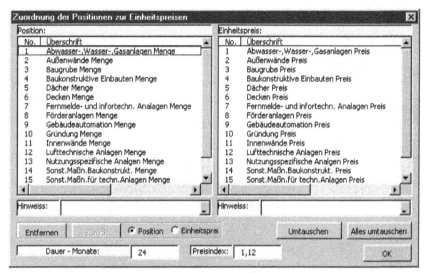

Abbildung 12. Das Dialogfenster *Zuordnung der Positionen zu den Einzelpreisen*

In der Liste *Position* ist der Wert der konkreten Leistungen angeführt, die sich hinter der gegebenen Bezeichnung verbergen. Nach dem Anklicken einer beliebigen Position in der Liste erscheint im Feld *Verweis:* die Adresse des zugehörigen Werts. Bei der Liste *Einzelpreis* ist es entsprechend.

Falls sich in der rechten Liste Positionen und in der linken Liste Einzelpreis befinden, müssen ihre Plätze gewechselt werden. Wenn sich alle Werte in den entgegengesetzten Listen befinden, kommt es durch Anklicken der Taste *Alles austauschen*[3] zu ihrer richtigen Anordnung. Beim Platzwechsel nur einiger Werte benutzt man die Taste *Austauschen*, wobei es notwendig ist, vor dem Austauschen in der linken und rechten Liste die Werte zu markieren, die ausgetauscht werden (bei jedem Schritt wird ein Wert aus der Liste *Position* mit einem Wert aus der Liste *Einzelpreis* ausgetauscht).

Wenn sich in den Listen Positionen befinden, die keine Menge und den zu dieser gehörigen Einzelpreis ausdrücken, müssen sie entfernt werden. Das wird durch Markieren des Wertes erreicht, der aus der Liste entfernt werden soll, mit der Maßgabe, dass noch die zuständige Umschalttaste *Position* oder *Einzelpreis* angewählt wird, je nachdem, aus welcher Liste die Position entfernt werden soll. Durch Anklicken der Taste *Entfernen* kommt es zum Entfernen der gewählten Position aus der Liste. Sofern eine Position irrtümlich entfernt worden ist, kann sie durch Anklicken der Taste *Zurück* zurückgeholt werden (auf diese Weise kann bis um 25 Schritte zurück gegangen werden).

---

[3] Nach dem erfolgten Platzwechsel färbt sich die Taste rot, beim Rücktausch entfärbt sie sich wieder. Die Färbung dient zur Information bei eventueller Entfernung von Positionen zur Bestimmung der Richtung der Verschiebung der Werte.

Nach Entfernung einer Position aus der Liste verschieben sich die verbliebenen in der Richtung, die davon abhängig ist, ob die Taste *Alles austauschen* gedrückt worden ist. Sofern die Taste *Alles austauschen* grau gefärbt ist, kommt es in den Fenstern zu der Verschiebung, die Abbildung zeigt. Falls sie rot gefärbt ist, verschieben sich die Positionen nach dem Schema, das in Abbildung gezeigt wird.

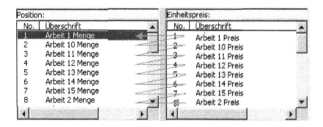

Abbildung 13. Schema der Verschiebung von Positionen
(Die Taste *Alles austauschen* ist grau)

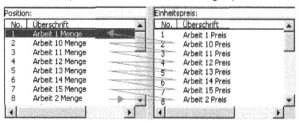

Abbildung 14. Schema der Verschiebung von Positionen
(die Taste *Alles austauschen* ist rot)

Im Feld *Bauzeit in Monaten* wird angegeben, wie lang die geplante Bauzeit in Monaten ist.

Im Feld *Preisindex:* wird der Wert eingegeben, der im Werkvertrag vereinbart ist, oder ein auf andere Weise bestimmter Preisindex, der im Laufe der Bauzeit angenommen wird. Hier kommt es nicht auf die Festlegung einer genauen Zahl an, da für die eigene Optimierung nur wesentlich ist, ob es sich um eine Zahl größer eins handelt.

> ➢ Die Arbeit im Dialog wird durch Anklicken der Taste *OK* beendet.

Nun werden die Information über die Kalkulation in das Datenblatt *DMRoz* gespeichert.

5.1.2.   Arbeit im Datenblatt *DMRoz*

Im Datenblatt *DMRoz*, das die Applikation *DyeTender Optimizer* enthält, wird die eigentliche Optimierung der Kalkulation realisiert. Es wird der Kalender der Teilzahlungen zusammengestellt und es werden eventuelle angenommene Mengenänderungen eingegeben, sofern sich mit ihnen kalkulieren lässt. Nach dem Finden der *optimierten Einzelpreise* können die Ergebnisse in die ursprünglichen Blätter, aus denen die Angaben für die Kalkulation entnommen wurden, zurück übertragen werden.

Im ersten Schritt werden eventuelle Spekulationen zu Änderungen des Leistungsumfangs gegenüber den in der Angebotskalkulation angegebenen Mengen geltend gemacht, wenn die Bezahlung der tatsächlich ausgeführten Leistungen vertraglich vereinbart ist.

> ➢ Die angenommenen Änderungen des Leistungsumfangs bei einzelnen Positionen werden in die Zellen im Blatt eingegeben, siehe Tabelle 7, die nach der Abbildung von Details der Übersicht für die Positionen erscheint. Mengen, die sich ändern, werden mit der prozentualen Änderung, der absoluten Änderung oder dem festen Wert eingegeben. Für jede Position wird die Änderung in den betreffenden Spalten eingetragen (prozentuale Änderung, absolute Änderung, Wert), wobei einer dieser drei Werte eingegeben wird.

	A	C	D	E	F	G
5	**Position**					
6	Überschrift	Hinweiss	% - Änderung	Abs. Änderung	Wert	Voraussetzung
7	Arbeit 1 Menge	[Sešit1]List1!$J	10		3	3,3
8	Arbeit 10 Menge	[Sešit1]List1!$J$13		-20	30	10
9	Arbeit 11 Menge	[Sešit1]List1!$J$14			64	64
10	Arbeit 12 Menge	[Sešit1]List1!$J$15			36	36

Tabelle 7. Änderung von Leistungsumfängen

In der Spalte *Menge* befindet sich die ursprüngliche Menge aus der zu erarbeitenden Angebotskalkulation. In der Spalte *Verweis* befinden sich die Adressen der einzelnen Positionen und in der Spalte *Annahme* erscheint die angenommene Menge, die in den vorhergehenden Spalten geändert worden ist (prozentuale Änderung, absolute Änderung, Wert).

> ➢ Weiter wird der Teilzahlungskalender ausgefüllt, siehe Tabelle 8. Für jede Position wird eingegeben, in welchem Monat sie bezahlt werden wird. In der Spalte des betreffenden Monats wird die Zahlung durch Eingabe des Symbols *x* oder *X* in die Zelle in der Zeile bei der zu bezahlenden Position eingegeben. Die Zahlungen für eine Position lassen sich auch auf mehrere Monate verteilen, wobei in die Zeile vor das Symbol *x* bzw. *X* der prozentuale Anteil der Gesamtbezahlung[4] eingetragen wird.

---

[4] In der Zeile muss jeweils gerade ein Symbol x und die Summe der prozentualen Verteilungen muss kleiner sein als 100, und x steht in der Zeile als letztes Zeichen.

A	R	S	T	U	V	W	X	Y	Z	AA	AB	AC	AD	AE	AF
5 Position		24	**Monat**		Angebot aufstellen				Optimum anwenden						
6 Überschrift	0	1	2	3	4	5	6	7	8	9	10	11	12	13	14
7 Arbeit 1 Menge		10	20	x											
8 Arbeit 10 Menge										x					
9 Arbeit 11 Menge									50	x					
10 Arbeit 12 Menge						20					x				

Tabelle 8. Eingabe des Teilzahlungskalenders

> Nach Anklicken der Taste *Kalkulation erstellen* werden die derzeitigen Werte der zu bezahlenden Positionen zusammengezählt und ihre Summierung gebildet (sowohl insgesamt, als auch nach einzelnen Monaten).

In der Spalte *Preis: Angebotspreis* stehen die Werte (Tabelle 9) die in der ursprünglichen Kalkulation angeführt sind. Die Zelle mit der Gesamtsumme ist *rot* markiert. In der Spalte *Preis: Tatsächlicher* sind die vorausgehenden Werte nach Berücksichtigung der tatsächlichen Leistungsumfänge ausgedrückt. In der Spalte *Index* sind unter dem Wert des Zeitindexes der Preise der Preise prozentual eventuelle Verteilungen auf mehrere Zahlungszeiträume bei den konkreten Positionen dargestellt. In der Spalte *Stundensumme* steht der tatsächliche Preis ausgedrückt im Zusammenhang mit dem Preisindex und dem Zahlungsmonat. *Gelb* ist die Zelle markiert, die den Gesamtwert der Einnahmen ausdrückt, die den Zeitfaktor und eventuelle Änderungen der Leistungsumfänge berücksichtigt. In den Zellen unter jedem Monat steht der Wert, der die Summe der Einnahmen im gegebenen Monat ausdrückt, und unter ihm wird der kumulative Ausdruck des Geldstroms angegeben. *Rosa*farben sind die Kopien der Werte markiert, die zwei Zeilen höher liegen, die zum direkten Vergleich der Änderungen nach Durchführung der Optimierung dienen.

A	N	O	P	Q	R	S	T	U	V
5 Position	**Preis**		**Index**	30		24	**Monat**		
6 Überschrift	angebots	real	1,12	**Gegenwertiges Wert**	0	1	2	3	4
32 Arbeit 7 Menge	147	73,5	*50	66,87631276					
33		73,5	50	67,51088825					
34 Arbeit 8 Menge	192	153,6	*80	137,1428571					
35		38,4	20	35,94352871					
36 Arbeit 9 Menge	243	243	*100	225,3171548					
37	3720	3861,3		3545,204908			7,7	15	114
38					0	0	7,7	23	137
39	3720	3861,3		3545,204908					

Tabelle 9. Erstellte Kalkulation

Nach Abbildung der Details der Übersicht (Tabelle 10) für die Einzelpreise in den Spalten *Untergrenze* und *Obergrenze* können die Grenzen je nach Bedarf des Benutzers verändert werden, und zwar entweder durch eine prozentuale Änderung, wobei in die Zelle *Q5* die entsprechende prozentuale Änderung eingetragen wird und die Grenzen mit Hilfe der in den Zellen gespeicherten Formeln ausgerechnet werden, oder die Grenzen können als fester Wert eingegeben werden, wobei die Formel mit der konkreten Zahl überschrieben wird.

	A	H	I	J	K	L	M
5	Position			Einheitspreiss			
6	Überschrift	Urspringlich	Hinweiss	Überschrift	unteres Limit	oberes Limit	optimaler
32	Arbeit 7 Menge	7	[Sešit1]List'	Arbeit 7 Pre	4,9	9,1	7
33							
34	Arbeit 8 Menge	8	[Sešit1]List'	Arbeit 8 Pre	5,6	10,4	8
35							
36	Arbeit 9 Menge	9	[Sešit1]List'	Arbeit 9 Pre	6,3	11,7	9

Tabelle 10. Detail der Einzelpreisübersicht

In der Spalte *Ursprünglicher* ist der Wert des Einzelpreises angeführt, der in der ursprünglichen Kalkulation steht. In der Spalte *Verweis* steht die Adresse der Zelle, in der der Einzelpreis platziert ist. Die Spalte *Bezeichnung* enthält den Namen, unter dem der Wert gefunden worden ist. In der Spalte *Optimal* werden nach Durchführung der Optimierung die gefundenen Werte der einzelnen Lösungen abgespeichert.

5.1.3. Optimierung der Kalkulation

Nun werden bei der erstellten Kalkulation die optimalen Einzelpreise gefunden, die die vom Benutzer eingegebene Spanne hinsichtlich der zeitlich verteilten Rechnungslegung für die einzelnen Leistungen und eventueller angenommener Änderungen der Leistungsumfänge respektieren werden.

➢ Die Suche nach der optimalen Lösung wird durch Anklicken der Ikone *Lösung suchen* aufgerufen.

Im Dialog *Lösungsvorschlag* (Abbildung 15) wird in das Feld *Verfolgter Wert: Festgelegtes Ziel:* der Wert ohne zeitliche Aufschlüsselung eingegeben, welche Höhe die Kalkulation zum Zeitpunkt der Abgabe des Angebots erreichen soll (als Vorauswahl wird automatisch die ursprüngliche Kalkulationssumme vorgeschlagen).

Sofern bei der Optimierung die Grenzen für die Einzelpreise, die im Blatt *DMRoz* in den Spalten *Untergrenze* und *Obergrenze* eingegeben sind und die durch den Benutzer manuell überschrieben worden sind, benutzt werden sollen, werden sie durch Anklicken der Taste *Grenzen aus DMRoz* eingelesen.

Wenn die Grenzen für einige Einzelpreise geändert werden sollen, erreicht man dies durch Anklicken ihrer Bezeichnung im Verzeichnis *Verzeichnis der Parameter*. D Dann können die *Unter-* und *Obergrenze* im betreffenden Feld durch einen Konkreten Wert oder durch Eingabe eines Prozentsatzes im Feld *Öffnen des Intervalls:* geändert werden, das von dem ursprünglichen Wert die Unter- und Obergrenze durch Abzug oder Hinzurechnung des gegebenen Prozentanteils einstellt. In beiden Fällen wird die Änderung durch Anklicken der Taste *Aktualisieren* bestätigt.

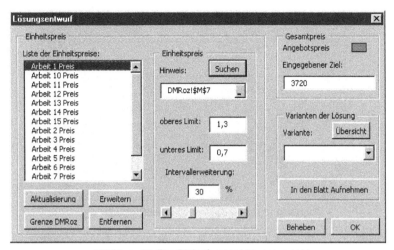

Abbildung 15. Das Dialogfenster *Lösungsvorschlag*

Der betreffende Einzelpreis lässt sich im Verzeichnis automatisch so heraussuchen, dass in das Feld *Parameter:Wert:* ein Verweis auf die zugehörige Zelle des Einzelpreises im Blatt *DMRoz* und in der Spalte *Einzelpreis:optimaler:* eingegeben und dann die Taste Suchen angeklickt wird.

Sofern einige Einzelpreise konstant sein sollen, wird ihr Namen im Verzeichnis *Verzeichnis der Parameter:* durch Anklicken markiert und danach kommt es durch Anklicken der Taste Entfernen zu ihrer Entfernung aus dem Verzeichnis der zu optimierenden Werte.

Wenn es notwendig ist, einen zur Optimierung bestimmten Wert hinzuzufügen, wird das Feld *Parameter:Wert:* mit einem Verweis auf die betreffende Zelle des Einzelpreises im Blatt *DMRoz* und der Spalte *Einzelpreis:optimaler:* ausgefüllt und es werden die zugehörigen Werte in den Feldern *Unter-* und *Obergrenze* eingestellt. Nach dem Eintrag klickt man die Taste *Hinzufügen* an.

Im Auswahlverzeichnis *Lösungsvarianten* kann man zu den vorhergehenden Lösungsvarianten zurückkehren, die früher bearbeitet worden sind (vor der ersten Bearbeitung ist das Verzeichnis leer).

Nach Anklicken der Taste *Übersicht* erscheint die grafische Darstellung der Übersicht der bearbeiteten Varianten, siehe Abbildung 16.

Wenn in das Blatt *DMRoz* Werte zurückgeführt werden sollen, die dort vor der betreffenden Bearbeitung gewesen sind, erreicht man dies durch Anklicken der Taste *Werte ins Blatt DMRoz zurück*. Bei wiederholtem Anklicken kehren die Werte der gegebenen Bearbeitung zurück.

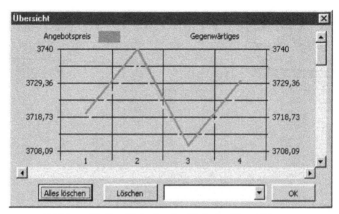

Abbildung 16. Das Dialogfenster *Variantenübersicht*

Im Fenster *Variantenübersicht* (Abbildung 16) werden in einem Diagramm die Ergebnisse der Lösung der einzelnen Varianten der abgelaufenen Optimierungen abgebildet. Auf der *x* – Achse werden die Nummern der einzelnen Varianten angezeigt. Auf der linken Seite stehen auf der *y* - Achse die Werte der Höhe der Angebotskalkulation ohne zeitliche Abgrenzung (*rot*) und auf der rechten Seite stehen die Werte der Höhe der Angebotskalkulation (des Angebotspreises) mit Geltendmachung des zeitlichen Gesichtspunktes.

Mit dem vertikalen Läufer wird die Anzahl der im Diagramm abgebildeten Varianten von einer bis zu allen, die generiert worden sind, reguliert.

Mit dem horizontalen Läufer kann man sich in den einzelnen Varianten in Richtung der *x* – Achse bewegen, und zwar bei Abbildung von weniger als allen Varianten.

Im Fenster des Auswahlverzeichnisses können einzelne Varianten mit ihrer eigenen Bezeichnung umbenannt werden.

Durch Anklicken der Taste *Löschen* wird aus dem Speicher die Lösung entfernt, die aktuell im Auswahlverzeichnis angeführt ist.

Die Entleerung des ganzen Pools der gespeicherten Varianten erfolgt nach Anklicken der Taste *Alles löschen*.

Durch Anklicken der Taste *OK* im Dialog *Lösungsvorschlag* wird der eigentliche Optimierungsalgorithmus in Gang gesetzt. Beim Ablauf der Optimierung werden im Fenster die Zwischenergebnisse der Berechnungen abgebildet, siehe Abbildung 17. Sofern es zum Anklicken der Taste *Stop* kommt, wird der Algorithmus angehalten und als optimale Lösung die momentan gefundene genommen.

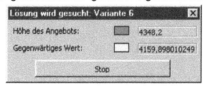

Abbildung 17. Das Dialogfenster *Bearbeitung läuft*

Nach dem Finden der optimalen Lösung erscheint ein Dialog, siehe Abbildung 18, in dem der Benutzer gefragt wird, ob der die gefundene Lösung verwenden will. Sofern er die Taste *Ja* anklickt, wird die gefundene Lösung in das Blatt *DMRoz* eingetragen. Im Falle des Anklickens der Taste *Nein* wird die gefundene Lösung nicht in das Blatt eingetragen, aber die Lösung wird archiviert.

Abbildung 18. Das Dialogfenster *Gefundene Lösungen*

> Zur Übertragung der optimierten Werte der Einzelpreise aus dem Blatt *DMRoz* in die Ursprungsblätter mit den Angebotskalkulationen wird die Taste *Optimum verwenden* im Blatt *DMRoz* angeklickt.

5.1.4. Das Blatt *Anzahlungen*

Auf diesem Blatt, das Bestandteil der Applikation *DyeTender Optimizer* ist, wird der Verlauf möglicher Kombinationen der Rechnungslegung von Anzahlungen abgebildet, und zwar von einer monatlichen Bezahlung von Anzahlungen bis zu einer Anzahlung für das gesamte Projekt.

Für jede Anzahl von Anzahlungen wird der gegenwärtige Wert des betreffenden Zahlungskalenders angegeben, und zwar nach der ausgeführten Optimierung. Es wird aber auch zum Vergleich der ursprüngliche nicht optimierte Wert angegeben.

Für die einzelnen Monate, in denen die Rechnungslegung von Anzahlungen verläuft, sind die Beträge angegeben, die die Summe zur verbauenden geplanten Mittel ausdrücken.

Je kleiner die Anzahl der geleisteten Anzahlungen ist, desto mehr wächst ihr gegenwärtiger Wert. Im Falle der Bezahlung der tatsächlich ausgeführten Leistungen ist es entgegengesetzt.

6. Optimierung

Eine der grundlegenden Aufgaben aus dem Bereich der Modellierung ökonomischer Prozesse ist die Forderung zur Optimierung des zu formulierenden Modells. Ökonomische Modelle weisen oft einen Charakter eines Diskontinuums und des Auftretens lokaler Maxima und Minima auf, was eine Reihe von Problemen bei der Suche der optimalen Lösung mit sich bringt. Die Situation wird auch nicht durch die Tatsache verbessert, dass ökonomische Modelle auf einer Reihe von Parametern basieren, und daher muss für die Lösung die beste Kombination einer großen Anzahl von Veränderlichen gesucht werden, die in das Modell eintreten.

Geeignete Methoden, die man in den letzten Jahren anzuwenden begonnen hat, sind so genannte *stochastische Optimierungsalgorithmen*, siehe [6]. Das Wesen dieser Algorithmen besteht in der Lösungssuche mit Hilfe generierter zufälliger Zahlen, die in ihrer Folge den Verfahrensweg in Richtung zur optimalen Lösung beeinflussen. Eine dieser Methoden sind die sog. *genetischen Algorithmen*, mit welchen sich diese Kapitel befassen wird.

Der Vorteil der genetischen Algorithmen ist die Universalität der Anwendung für einen beliebigen Modelltyp. Ein weiterer Vorzug ist, dass bei der Erhöhung der Anzahl zu optimierender Elemente die für die Lösung benötigte Zeit nicht exponentiell wächst, wie dies bei einer Reihe deterministischer Methoden der Fall ist.

6.1. Genetischer Algorithmus

Lebende Organismen übergeben ihre genetischen Informationen ihren Nachkommen. Diese Informationen sind in den Chromosomen der einzelnen Organismen gespeichert. Der Inhalt eines Chromosoms kann als bestimmter Informationscode über das Einzelwesen verstanden werden. Nach der Theorie von Charles Darwin überleben in der Natur die kräftigeren Einzelwesen, und diese haben dann die Chance, ihre genetische Information an weitere Generationen zu übergeben. Dabei ist wichtig, dass jeder Organismus der Nachkomme zweier Eltern ist und sich daher in ihm die genetischen Informationen beider Eltern vermischen. Oder anders ausgedrückt sind die in seinen Chromosomen gespeicherten Informationen zum Teil von einem Elternteil und zum Teil vom anderen Elternteil übernommen. Auf diesen Grundprinzipien arbeitet auch der genetische Algorithmus [1]. Der Algorithmus arbeitet mit bestimmten Einzelwesen (einer Population von Individuen), deren Eigenschaften er in einer bestimmten Struktur repräsentiert hat, die eine Angleichung an das Chromosom dieses Organismus ist. Ziel des Algorithmus ist es, in einer Population ständig stärkere Einzelwesen zu schaffen. Diese Eigenschaft prädestiniert den Algorithmus zur Anwendung für die Lösung von Optimierungsproblemen.

6.2. Beschreibung der Applikation Genop

Die Applikation *Genop* arbeitet als Optimierungsinstrument im Umfeld des Tabellenkalkulationsprogramms Excel. Die in der Applikation enthaltenen Optimierungsalgorithmen gehen von der Theorie der genetischen Algorithmen aus. Neu ist hier die Möglichkeit der Optimierung der Berechnungen mit stochastischen Elementen eingeführt. Eine weitere Verbesserung ist die Abstimmung der optimalen Lösung der Aufgabe durch einen gewählten Abstimmungsschritt.

Das Instrument ist in einer beliebigen Tabellenkalkulation anwendbar. Der Zugriff zu den Optimierungsalgorithmen erfolgt über die Menüleiste der Applikation *Genop*, die nach dem Anhängen der Datei *genop.xla* als Zusatz zum Programm Excel zur Verfügung steht.

In der eigentlichen Berechnung ist es notwendig, für die Verknüpfung der Optimierungsparameter mit dem Ausgang des Instruments *Genop* zu sorgen (ausführlicher weiter unten). Analog ist dies bei eventuellen stochastischen Parametern. Sofern in der Berechnung bestimmte Begrenzungen und Bedingungen eingehalten werden sollen, ist es notwendig, deren Überschreitung in den Abgeminderten Optimierungs-Finalwert einzurechnen oder ihm gegebenenfalls den Wert Null zuzuordnen.

Das Instrument *Genop* wird durch Anhängung im Hauptangebot der Applikation Excel in der Position Instrumente/Ergänzungen…, zugriffsbereit gemacht, wobei man nach dem Anklicken der Taste Durchgehen die Datei *genop.xla* findet. Danach erscheint nach dem Anklicken der Taste *OK* die Menüleiste *Genop*.

Nach dem Anklicken der Taste *Genop* erscheint das Dialogfenster *Genetische Optimierung* siehe Abbildung 19.

Abbildung 19. Das Dialogfenster *Genetische Optimierung*, Blatt *Optim*

In das Feld *Maximierter Wert* wird ein Verweis auf die Zelle eingegeben, deren Wert maximiert werden soll.

Im Feld *Optimierte Parameter* wird ein Verweis auf den Bereich eingegeben, in den die Applikation die Werte eintragen wird, die die Parameter der zu optimierenden Tabelle repräsentieren werden. Der Wertebereich muss kompakt sein, d.h., dass er ein Quadrat oder Rechteck bildet. Falls der Algorithmus z.B. eine 8-Bit-Codierung der einzelnen Parameter benutzt, werden in dem durch den Definitionsbereich jeder Zelle gekennzeichneten Bereich Werte von 0 bis 255 sein. Die Anknüpfung an die konkreten Parameter der Berechnung, die optimiert wird, erfolgt mit Hilfe eines Verweises und einer Umrechnung, die in die ursprüngliche Berechnung eingeführt wird. Wenn man also verlangen wird, dass z.B. ein Parameter im Umfang des Intervalls < -2,10 > liegt, teilt man den Verweis auf einen Wert in dem Bereich, wo die Ausgabe der aus der Applikation *Genop* zu optimierenden Parameter ist. Durch die, als Länge des Intervalls addierte Zahl, geteilt durch den maximalen Ausgangswert aus der Applikation, also 255/12 = 21,25, und zu allem rechnet man die Untergrenze des Intervalls hinzu, die –2 ist. Man erhält dann konkret für die Grenzwerte folgende Umrechnungen: (0/21,25)-2=-2 und (255/21,25)-2=10. Die übrigen Werte von 0 bis 255 sind nach der Umrechnung bereits Bestandteil des Intervalls < -2,10 >. Der Schritt, mit dem das Intervall durchschritten wird, ist 12/255 = 0,047. Das Schema der Eingabe des Verweises auf die zu optimierenden Parameter zeigt die Abbildung 20.

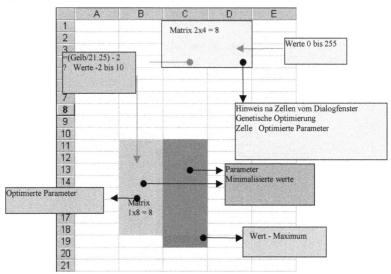

Abbildung 20. Schema der Eingabe von Verweisen auf zu optimierende Parameter

Sofern die Berechnung stochastische Parameter enthält, ist es notwendig, sie wiederum in kompakte Bereiche (Quadrat oder Rechteck) zu konzentrieren, damit es möglich ist, im Feld *Stochastische Parameter* einen Verweis auf sie einzugeben. Praktisch wird dies so aussehen, dass auf den Bereich, in dem Ausdrücke mit stochastischen Elementen enthalten sein werden, aus der Berechnung Verweise aus den Zellen erteilt werden, in die sie gehören. Das Prinzip der Modelloptimierung mit stochastischen Elementen selbst ist im Folgenden angeführt.

Durch Anklicken des Blatts *Gen* im Dialog *Genetische Optimierung* werden die Parameter angezeigt, in deren Bereich die eigentliche Optimierung verlaufen wird, siehe Abbildung 21.

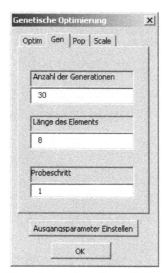

Abbildung 21. Das Dialogfenster Genetische Optimierung, Blatt *Gen*

Im Feld *Anzahl der Generationen* wird gewählt, wie viel Generationen von Nachkommen bei der Lösungssuche generiert werden sollen. Die Anzahl hängt von der Länge und der Anzahl der zu optimierenden Parameter und der Genauigkeit ab, mit der der Benutzer das Ergebnis erzielen will.

Das Feld *Länge des Elements* ist bestimmend für die Größe der Kette für die einzelnen Parameter. Der Wert gibt die Länge der Kette im Dualsystem an, was z.B. bei einer Länge von 10 die Werte von 0 bis 1023 darstellt.

Die stärkste Kette aus der letzten Generation ist die Ausgangskette für das Finden der optimalen Lösung, die nicht dieser Kette entsprechen muss. Gründe, warum dies so sein kann, sind im Wesentlichen zweierlei. Einerseits eine geringe Zahl von aufeinander gefolgten Generationen, wo es manchmal vom Gesichtspunkt der Zeitersparnis nicht allzu effektiv ist, mit genetischen Algorithmen die völlig optimale Lösung zu suchen, sondern es genügt, eine dem Maximum nahe Lösung zu finden, die dann durch anderen Methoden endgültig abgestimmt wird. Ein zweiter Grund ist die Codierung des Problems, wo der Lösungsbereich mit einem bestimmten Schrittmaß abgesucht wird und die optimale Lösung außerhalb dieses Schrittmaßes liegen kann.

Die Applikation bearbeitet diese Probleme der Absuchung des Umfelds der einzelnen Parameter im Bereich der stärksten Kette aus der letzten Generation mit einem Schrittmaß, das der Benutzer im Feld *Abstimmungsschrittmaß* wählt. Sofern das Abstimmungsschrittmaß kleiner als eins ist, wird das Schrittmaß für den abzusuchenden Lösungsbereich ebenfalls feiner als beim ursprünglichen genetischen Algorithmus sein.

Das Blatt *Pop* (Abbildung 22) ermöglicht es, die Parameter zu wählen, die die Größe der Population betreffen, wobei im Feld *Größe der Population* bestimmt wird, wie viel die Lösungsketten jede Populationsgeneration enthalten wird. In das Feld *Kreuzungswahrscheinlichkeit* wird der Wert der Wahrscheinlichkeit eingegeben, mit der es zur Kreuzung zweier ausgeloster Ketten bei der Reproduktion in die nächste

Generation kommt. Die Wahrscheinlichkeit, mit der es zu einer Mutation einzelner Elemente kommen kann, wird Feld *Wahrscheinlichkeit einer Mutation* angegeben.

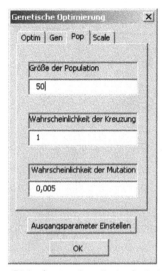

Abbildung 22. Das Dialogfenster *Genetische Optimierung*, Blatt *Pop*

Das letzte Blatt, das das Dialogfenster *Genetische Optimierung* enthält, ist das Blatt *Scale* siehe Abbildung 23.

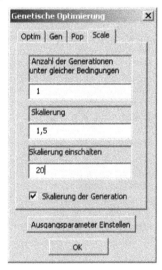

Abbildung 23. Das Dialogfenster *Genetische Optimierung*, Blatt *Scale*

Durch Ankreuzen des Fachs *Skalierung einschalten* wird beim Abarbeiten der genetischen Algorithmen die lineare Skalierung angewandt.

Die Skalierung wird von der im Feld *Skalieren ab Generation* angegebenen Generation an angewandt.

Der Skalierungskoeffizient wird im Feld *Skalierungsmaß* eingetragen.

Eine spezielle Lösung ist die Optimierung der Berechnungen mit stochastischen Elementen. Die Eingabe von Verweisen auf stochastische Elemente wurde bereits oben angeführt. Das Prinzip, nach dem der Algorithmus ein Problem löst, ist folgendes: Im Falle deterministischer Modelle entwickeln die genetischen Algorithmen eine solche Population von Ketten, dass sie so stark wie möglich hinsichtlich der Bedingungen ist, die durch das betreffende Modell bestimmt sind. Die stochastischen Parameter verändern das fest gegebene *Umfeld* in ein variables, und daher muss sich die Entwicklung der Generation von Ketten der Änderung der äußeren Bedingungen anpassen. Die Applikation ermöglicht im Feld *Anzahl der Generationen unter gleichen Bedingungen* eine Wahl, wo ausgewählt wird, über wie viele entwickelte Generationen die (*eingefrorenen*) stochastischen Parameter bewahrt werden sollen. Das bedeutet, dass für eine bestimmte Zeit an Stelle stochastischer Elemente Konstanten eingesetzt werden, die die Entwicklung einer bestimmten Anzahl von Generationen unter gleichen Bedingungen ermöglichen, und danach werden wiederum stochastische Parameter angewandt und im Folgenden entwickeln sich wieder neue Generationen von Ketten. Sofern der Benutzer die Bedingungen in keinem Moment stabilisieren will, wird das Feld *Stochastische Parameter* im Blatt *Optim* (Abbildung 19).

Durch Anklicken der Taste *Ausgangsparameter einstellen* werden die ursprünglichen Optimierungsparameter so eingestellt, wie sie vor der Veränderung durch den Benutzer waren.

Das Aufrufen des Algorithmus der Suche der optimalen Lösung erfolgt nach Anklicken der Taste *OK*. Beim Ablauf der Bearbeitung erscheint in der Statuszeile die Angabe, welche Bearbeitungsgeneration abläuft und welche beste Lösung bisher gefunden worden ist. Nach der Beendigung wird die gefundene Lösung in die festgelegten Zellen eingetragen.

7. Preisangebote und Claim Management[5]

Optimierung der Preisangebote, ist dieses Vorgehen noch legal? - wird eine der ersten Fragen derjenigen sein, die sich der Optimierungsrealität unterworfen fühlen. Leider ist jedes Angebot an sich ein spieltheoretisches Beispiel *per excelance*. Ein Spiel kann bekanntlich nur dann einen guten Ausgang haben, wenn auch der Gegenspieler mit dem entsprechenden Arsenal spielt. Es ist wohlbekannt, dass Auftraggeber im Bauwesen sehr oft mit Spekulationen und hochentwickelten Strategien bezüglich verschiedener Änderungen dem hohen Druck zur Minimierung der Kosten beim Auftragsnehmer entgegensteuern. Beide Seiten sind damit gezwungen, neue Instrumente zu entwickeln.

---

[5] Einige Erläuterungen zur Kapiteln 5 und 6

Das Programm *DyeTender Optimizer* kann zur Vorbereitung der Optimierung einer Angebotskalkulation dienen. Die Optimierung besteht aus der Änderung der (einzelnen) *Einheitspreise* (in vorgegebenen Grenzen) unter der Vorbedingung, dass die Einnahmen mit Rücksicht auf die Verteilung in der Zeit (Cashflow) maximiert werden und die vorgegebene Gesamtangebotssumme (als Konstante) zum Zeitpunkt des Angebotes eingehalten wird. Im Rahmen der Optimierung des Angebotes kann auch eine Spekulation auf zukünftige Änderungen der Mengen einzelner Angebotspositionen durchgeführt werden, wobei zum Zweck der Optimierung (der Einnahmen aus erwarteten zukünftigen Nachträgen) die zu erwartenden Änderungen einzelner Leistungspositionen im Angebot eingegeben werden. Dieser Teil der Spekulation hängt von den in Aussicht stehenden Vertragsklauseln oder der existierenden VOB Praxis ab. Im Vertrag sind oder werden die einzelnen Voraussetzungen über Mengenänderungen festgelegt. Die Annahmen für die Spekulation hängen jedoch von der Klausel über die Vergütung der zusätzlichen oder erweiterten Leistungen ab.

Zusammengefasst: die Quellen möglicher zusätzlicher Einnahmen sind :

die *Preisbreite* (Toleranz der Kalkulation), die als zulässige Schwankung toleriert wird,

das Unterscheiden der *kurzen* und *langen* Gelder im Angebot (Verzinsung),

die Erwartung der *Mengenänderungen,*

Diese Quellen können durch eine Optimierung der Einheitspreise einen objektiven zusätzlichen Ertrag bringen.

7.1. Ein erläuterndes Zahlenbeispiel

Es liegt ein Angebot auf drei Leistungen A, B, C in der Struktur der Mengen und

Beschreibung	Menge	Einheitspreis	Gesamt
A	1000	10	10 000
B	1000	10	10 000
C	1000	10	10 000
Angebot	Gesamt	....	30 000

Tabelle 11 Angebot, ein Beispiel

Einheitspreise wie in der Tabelle 11 angegeben vor:

Der Fluss der Einnahmen wird an die erbrachten Leistungen (Monate) gebunden, zum Beispiel wie in der Tabelle 12 eingegeben

Beschreibung	1	2	3	4	5	6	7	8	9	10	11	12
A	2000	2000	2000	2000	2000							
B				2000	2000	2000	2000	2000				
C									2000	2000	2000	2000	2000
Total 30000	2000	2000	2000	4000	4000	2000	2000	4000	2000	2000	2000	2000

Tabelle 12 Zeitfaktor

Die zu *erwartenden Änderungen* der Mengen (E-Menge) und angemessene Einheitspreisspannen sind wie folgt angegeben und repräsentieren zusätzlichen (internen) Informationen des Bieters (siehe Tabelle 13).

Beschreibung	E-Menge	Preisbreite DM
A	+800	5-10
B	+1200	8-15
C	+1000	10

Tabelle 13 Zusätzliche Informationen

Die Optimierungsaufgabe besteht darin, solche Einheitspreise einzusetzen, dass die Gesamtsumme (30000) eingehalten wird, aber die Struktur der Einheitspreise so günstig liegt, dass mit Rücksicht auf zeitliche Bindung der Einnahmen und wirklich erbrachte Leistungen ein maximaler Umsatz erreicht wird.

In diesem Sinne können wir über die ursprüngliche Ausschreibung $A(0)$, die durch die Einheitspreise $E(0)$ auf der Basis der Kalkulation bewertet wird (Tabelle 11), wie folgt

$$\{A(0) \mid E(0)\} = 30000 \tag{7.1}$$

sprechen. Dadurch entsteht ein Angebot in der Höhe 30000 (in T €). Die Struktur der Einheitspreise zeigt die Tabelle 11 als $E(0) = [10\ 10\ 10]$. Die Ausschreibung $A(0)$ kann aber auch anders bewertet werden. Mit Rücksicht auf die möglichen Änderungen in der Durchführung (und eventuell mit Rücksicht auf die Verteilung der Einnahmen in der Zeit, siehe die Tabelle 12 und 13) kann eine kompliziertere Strategie der Einheitspreise entwickelt werden. Schlagen wir die Einheitspreise als *Strategie 1* $E(S1) = [5\ 15\ 10]$ vor. Die Einheitspreise im Angebot $E(S1)$ stellen äußerlich die gleiche Angebotssumme

$$\{A(0) \mid E(S1)\} = 30000 \tag{7.2}$$

auf. Sollte *Strategie 1* später der Realität entsprechen, dann kann sich die Verschiebung der Preise von der Ebene der Kalkulation zur Ebene der Optimierung gut auszahlen.

Nehmen wir an, dass die Daten (und E-Mengen) der Tabelle 13 Realität werden $A(R)$ (versteht sich während der Realisierung). Auf der Basis der $E(S1)$ bekommen wir

$$\{A(R) \mid E(S1)\} = 32000, \tag{7.3}$$

was ein um 7 % besseres Endergebnis gegenüber dem ursprünglichen Kalkulationsangebot der Tabelle 11 oder der Formel (7.1) ist. Dieses Ergebnis ist wohl nur dann erreichbar, wenn die *Strategie 1* sich mit der zukünftigen Realität decken wird. Abweichungen bedeuten meistens auch das Sinken der Effektivität. Selbstverständlich hat auch das Angebot (7.1) einen kommerziell niedrigeren Wert als 30000. Sollten die Bauarbeiten monatlich gemäß der Tabelle 13 fertiggestellt werden und erst als schlüsselfertig verglichen werden, bedeutet dies, dass beim internem Zinsfluss 10% der (7.1) Wert nur den Wert **28467 haben** *wird*. Liegt also um ca. 5% unter dem Angebotswert. Diese Tatsache bietet die Möglichkeit zur komplizierteren, zeitbedingten Optimierungen der Einheitspreise überzugehen.

Die Optimierung ist in manchen Fällen technisch aufwendig. Einige Applikationen haben mehrere tausend Positionen und sind in zahlreichen Eingabeblättern verteilt.

7.2. Vorbereitende Schritte

Das Programm optimiert Einheitspreise mittels eines Tabellenkalkulationsprogramms (VBA und Excel). Die Eingabedaten dürfen auf mehreren Blättern strukturiert werden, müssen aber durch einzelne Formeln gegenseitig verbunden werden. Die Applikation ist in der Lage eine beliebige Struktur der Angebotsblätter und Hefte zu bearbeiten. Es wird empfohlen, der Übersichtlichkeit halber, noch vor dem Optimierungsvorgang, die Überprüfung der einzelnen Blätter der Angebotskalkulation mit Rücksicht auf deren Verflechtung und weitere Bearbeitung wie folgt vorzunehmen und zu gestalten:

- Vor der Bearbeitung werden die Inhalte der Zellen analysiert und sämtlichen Zellen werden hinsichtlich des Einflusses auf die Gesamthöhe des Angebotes identifiziert. Zur Optimierung werden (und können) nur Zellen benutzt werden, die Enden der Formelketten darstellen (formale syntaktische Prüfung der Formeln).

- In den Zellen, in denen konkrete Mengen und einzelne Einheitspreise angedeutet sind, sollen numerische Werte liegen (falls Hinweise auf andere Zellen eingeführt sind, werden die als Endzellen genommen, auf welche diese Hinweise gerichtet sind).

- Die Benennung der einzelnen Endwerte wird durch den ersten Text links und durch den entsprechenden Text über der Zelle in der Spalte vorgeschlagen (automatisch).

- Falls im Angebot Positionen sind, die *nur* den Gesamtpreis beinhalten und der nicht durch die Formel *Menge* x *Einheitspreis* konstruiert ist (z.B. Subunternehmer Lieferung, oder durch Teilvertrag gebundener Preis), wird diese Position als Position mit der *Menge*=1 gestaltet und der Gesamtpreis wird als *Einheitspreis* angegeben.

Im folgenden wird die Vorgehensweise beschrieben, die die Bearbeitung der Angebote ermöglicht

7.3. Sensitivitätsanalyse (Empfindlichkeitsanalyse des Angebotes)

Die formalen Fehler sind ein gefährlicher Aspekt der Ausschreibungen. Die Kontrolle kann verschiedene Methoden einsetzen. Dem Autor des Beitrages hat es sich bewährt, die Einflüsse auf die Gesamtsumme (bzw. an die Teilsummen) des Angebotes festzustellen. Mit anderen Worten - es handelt sich um eine Empfindlichkeitsrechnung auf den Zielwert der Kalkulation - die festgelegte Angebotssumme.

Im ersten Lauf der Kontrolle werden einzelne Endzellen in der Tabellenkalkulation gelb gefärbt. Dadurch kann der Anwender feststellen, ob die Zellen, die in die Kalkulation einbezogen sein sollen, wirklich angeschlossen sind (durch Formeln). Überall wo die gelbe Färbung fehlt (zum Beispiel in der Spalte Menge oder Einheitspreis), handelt es sich offensichtlich um ein Versehen. Diese Art von Fehler ist gefährlich und kann zur unbeabsichtigten Unterschätzung des Angebotes führen.

In dem zweiten Lauf der Kontrolle werden einzelne gelb gefärbte Zellen weiter auf die Intensität ihres Einflusses auf die Angebotssumme hin untersucht. Dementsprechend wie stark ihr Einfluss auf den Gesamtpreis wirkt, ändert sich die Färbung der Zellen (vie im Abbildung. 11).

Dieser Programmteil kann zu intuitiven Änderungen des Programmangebots führen. Durch die Intensitätsfärbung können leichter diejenigen Positionen gefunden werden, die zu den sogenannten ABC-Kategorien der Mengen oder Einheitspreise gehören.

Der erste Schritt ist die *Empfindlichkeitsanalyse*[6] .

Im zweiten Schritt (Lauf der Kontrolle) *Sensitivitätssanalyse* werden die gewünschten Toleranzen der Parametrisationsberechnung gefärbt.

Im Feld *Parameter: Parametrisierungsbereich: +/-* wird der Bereich der Parametrisierung (von 0 bis 100) festgelegt (untere und obere Grenze werden berechnet mit Hilfe des aktuellen Wertes für die gegebene Zelle, der entsprechende prozentuale Anteil der Änderung wird summiert und die Stärke der Änderung eingestuft).

Die entsprechenden Toleranzen sind in Feldern mit abgestuften Grün und Blau dargestellt, die die Empfindlichkeit der einzelner Parameter signalisieren. Die Färbung beschreibt den Einfluss der gefundenen Parameter auf die untersuchte (rote) Zelle.

Das Dialogfenster der Sensitivitätsanalyse zeigt die Abbildung 11. Die Empfindlichkeitsanalyse ist übrigens für *jede Tabellenapplikation anwendbar* und nützlich.

7.4. Vorbereitung zur Optimierung der Angebotskalkulation

Zur Entwicklung der optimierten Angebotskalkulation sind die drei in der Einführung genannten Ressourcen der möglichen finanziellen Vorteile zu berücksichtigen. Es handelt sich um a) Preisbreite b) Zeitfaktor und c) eventuelle Änderungen der Mengen (plus oder minus). Alle Eingaben werden in ein spezielles Blatt zusammengefasst, Beispiel in der Tabelle 7.

Tabelle 14 Zahlungskalender

	A	R	S	T	U	V	W	X	Y	Z	AA	AB	AC	AD	AE	AF	AC
5	Position			24	Monat		Angebot aufstellen				Optimum anwenden						
6	Überschrift	0	1	2	3	4	5	6	7	8	9	10	11	12	13	14	1!
7	Einrichten + Vorhalten BAUST				10	10	20	30	x								
8	Räumen BAUSTELLENEINRICH					10							x				
9	Schutzzaun BAUSTELLENEINR											20	x				
10	Bautafel BAUSTELLENEINRICH										30	10	10	x			
11	Oberboden zwischenlagern B										x						
12	Baugrubenaushub Bkl. 3-5 ink					x											

Es wird ein Zahlungskalender (seeTabelle 8 und Tabelle 14) aufgestellt und die eventuellen Änderungen der Mengen werden eingegeben, soweit diese realistischerweise in Frage kommen. Nach dem Berechnen der optimierten

---

6 Die Endknoten der gefundenen Parameter (Zellen) werden hellblau eingefärbt. Eine fehlende Färbung signalisiert, dass keine Verknüpfung besteht (absichtlich oder unabsichtlich!)

Einheitspreise können die Ergebnisse in die Originalblätter, aus welchen die Eingaben stammen, zurückübertragen werden.

Dieser Schritt kann übergangen werden, falls Sie keine Spekulation in Richtung der Änderungen der Positionen gegenüber den ursprünglichen Mengen aus dem LV der Angebotskalkulation eingeben wollen. Die Toleranz der Änderung ab welcher die Ist - Quantität ausgezahlt wird und zu welchem Preis, soll durch Vertragsklauseln abgesichert werden. Das Feld *Bauzeit in Monaten* wird mit der geplanten Bauzeit in Monaten versehen.

Im Feld *Preisindex* wird der Wert des Preisindexes aus dem Vertrag eingegeben. Es kann auch ein interner Index der Kredite aufgeschlagen werden oder sogar interner Index der unternehmerischen Ertragsquote. Dadurch wird auf die Bonität des Auftrages ein realistischerer Licht geworfen.

Alle Informationen über den Kostenvoranschlag sind in einem neuen Blatt (*DMRoz)* aufgestellt.

Die vorgesehenen (potentielle) Änderungen der geleisteten Mengen einzelner Positionen können als Konstanten oder als Prozentsatz eingegeben werden. Die Änderungen werden in die Zellen des Blattes eingetragen und später in der detaillierten Übersicht dargestellt.

Der Zahlungskalender selbst kann sehr vereinfacht eingegeben werden. Für jede Position wird eingegeben, in welchem Monat die Leistung beglichen wird. In der Spalte des entsprechenden Monats wird die vorgesehene Abschlagszahlung durch das Symbol X gekennzeichnet (Tabelle 14). Die Zahlungen können auch auf mehrere Monate verteilt werden, dann wird in der Zeile vor dem Symbol x oder X ein Hinweis (Prozentsatz) auf die Größe der Abschlagszahlung eingegeben. [7]

7.5. Angebot aufstellen

In diesem Schritt werden die erwarteten Werte der Abschlagszahlungen berechnet und die einzelnen Positionen aufsummiert (sowohl nach einzelnen Positionen wie auch nach einzelnen Monaten).

In der Spalte *Preis: Angebot (siehe Tabelle 15)* sind die einzelnen Werte des

---

[7] Auf jeder Zeile kann nur ein Symbol x oder X stehen und die Summe der Prozentsätze in der Zeitverteilung muss kleiner als 100 sein (wobei Symbol x bedeutet den Rest der Gesamtsumme.

Kostenvoranschlages eingegeben. Die Zelle mit der Gesamtsumme wird durch rote Farbe gekennzeichnet. In der Spalte *Preis: Ursprünglich* sind vorher gegebene Werte, nach der Berücksichtigung der wirklichen Mengen, eingegeben. Die Spalte *Index* enthält den Wert des Zeitindexes (eingegeben durch einen Prozentsatz der eventuell auf mehrere Zeitintervalle verteilten Abschlagszahlungen). Die Spalte *Gegenwärtiger Wert* bezeichnet den wirklichen umgerechneten Angebotspreis mit Bezug auf den Preisindex und den Monat der Abschlagszahlung. Gelb ist diejenige Zelle gefärbt, die die Gesamtsumme der Einnahmen darstellt und den Wert der Einnahmen zum Zeitfaktor und eventuellen Mengenänderungen berücksichtigt (in der Tabelle 15 ist das Zelle Q33). In den Zellen unter jedem Monat steht der Wert der

	A	M	N	O	P	Q	R
5	**Position**	spreiss		**Preis**		**Index**	20	
6	Überschrift	optimaler	angebots	real	1,12	**Gegenwertiges Wert**	0
28	Mauerwerk innen KG - DG d =	77	77	76,5	*100	65,77144826	
29	Kellerfenster 100/40 BAUSTEL	82	82	81,9	*100	70,41413872	
30	Rolladenkästen L bis 2,30 m B/	87	87	86	*100	73,93914445	
31	Gurtwickelkästen BAUSTELLE	92	92	90,45	*100	77,76506629	
32	Hausschornstein BAUSTELLEI	97	97	96,35	*100	96,35	x
33			885,33333	429919,9		403696,6967	96
34							96
35		Urspringlich:	887	429925,3		403701,5346	

Tabelle 15 Optimiertes Angebot

Summe im entsprechenden Monat und unten wird auch der kumulative Wert des Geldflusses angegeben. In Rosa sind die Kopien der Zellen gekennzeichnet, die um eine Zelle höher liegen und zum Vergleich des erzielten Effekts nach der Optimierung dienen (Tabelle 15). Einige Maßnahmen im finale der Vertragsverhandlungen sind nur mäßig Ergiebig und haben keine wesentlich Bedeutung. Die Optimierungszusatzeffekte liegen allerdings bei 3-6 % der Vertragssmume (Vergleich der Ausgangsposition und des Endentwurfs).

Die Optimierung soll möglichst alle Informationen, die zur Aufstellung der neuen Einheitspreisliste führen, offen und dem Anwender zugänglich halten (Vergleiche Abbildung 15 und Abbildung 24). Damit entsteht das Vertrauen zu den Daten. Es ist offensichtlich, dass die Daten, die am Anfang nicht weit von der Struktur der Tabelle A entfernt sind, plötzlich eine realistische Tiefe durch Schätzungen und Erwartungen bekommen. Damit ist die Qualität des Auftrages oder Angebotes geschätzt. Sehr viele Informationen, die normalerweise im Bereich der Unsicherheit oder des Risikos liegen, sind jetzt identifiziert und benannt worden.

7.6. Zusammenfassung

Die Optimierung der Angebote ist ein Bestandteil der sogenannten *Business Inteligence*. Das, was in verbaler Beschreibung der Bonität der Angebote als Risiko oder Unsicherheit gilt und mit dem Wagnis bewertet wird, kann auf diese Weise ganz korrekte Züge annehmen. Das Angebot wird auf der einen Seite abgewertet durch den Zeitfaktor. Die unternehmerische Bonität bekommt einen eindeutigen Wert. Die spekulative Aufwertung erhält auch ihr Limit. Der Umsatz wird durch die Mengenänderung und Optimierung der Einheitspreise genau sein Maximum erreichen.

Trotz einer neuen Dimension des Quantifizierens, bleibt jedem Management sehr viel zu entscheiden. In mancher Hinsicht wird der Entscheidungsbedarf qualitativ höher als in Lösungen auf intuitiver Basis. Es ist notwendig, eine durchgängige Strategie zu entwickeln. Kenntnis steigert die Verantwortung. Diese Aufgabe ist ein sehr empfindliches Paradigma.

8. Resümee

Die Ziele der Arbeit waren auf die Schaffung von Verfahren und Programmapplikationen gerichtet, welche die Entscheidungsfindung bei der Steuerung ökonomischer Modelle im Bauwesen unterstützen. Einigendes Bindeglied der Applikationssoftware ist die Arbeit im Umfeld des Tabellenkalkulationsprogramms Excel, in das eine Reihe von Applikationsinstrumenten implementiert worden ist, die sich mit der gegebenen Problematik befassen.

Wie bereits früher definiert wurde, wird unter Modell in dieser Arbeit die Struktur von Tabellenberechnungen verstanden. Der erste festgelegte Schritt, mit dem man an diese Modelle herangeht, ist die *Fehleranalyse*, wobei es das Anliegen ist, mit Hilfe der Applikation *FaultCell* so viel wie möglich formaler Fehler zu enthüllen, die bei der Erstellung des Modells und der Eingabe von Werten in dieses gemacht worden sind. Als potentielle Fehler werden die Zellen bezeichnet, die direkt in die Berechnung einbezogen sind und Text oder Nullwerte enthalten, sowie leere Zellen. In einer weiteren Ebene verläuft auch eine Kontrolle der Konstanten in der Struktur der Berechnung. Der Gesichtspunkt der Entflechtung der Daten gleichen Charakters zeigt die Applikation *Tree* mit Hilfe der farblichen Unterscheidung in Abhängigkeit von der Hierarchiestufe der Einordnung der Daten in die Berechnungen.

Ein weiterer Schritt ist die Frage der Relevanz der einzelnen im Modell enthaltenen Werte. Die Lösung ist die Anwendung einer *Sensitivitätsanalyse*, wie sie die Applikation *Balance Sensitivity* darstellt. Die Applikation verwendet mit Ausnahme der Bestimmung der konkreten Größe des Sensitivitätsgrads Farbenanalysen zur Klassifizierung der Werte in vorausbestimmte Sensitivitätskategorien, wobei die Zugehörigkeit des gegebenen Werts in eine bestimmte Kategorie mit Hilfe einer entsprechenden Einfärbung der Zelle realisiert wird. Die Abläufe der Parametrisierung der Werte können in einem übersichtlichen Diagramm angesehen werden.

Auf die Arbeit mit Modellen, die stochastische Elemente enthalten, konzentriert sich die Applikation *Simulations*. Die Applikation basiert auf Monte-Carlo-Algorithmen. Im Bereich der Bewertung des Verhaltens stochastischer Parameter wird außer der Interpolation von Datenreihen und des impliziten Ausdrucks des wahrscheinlichkeitsgemäßen Auftretens von Werten neu die Möglichkeit der Bewertung mit Hilfe einer Expertenschätzung eingeführt, wo es bei Auswahl der verbalen Bewertung dreier Charakteristika (absolute Bewertung, Risiko und Trend der Bewertung) zur Generierung der zugehörigen Wahrscheinlichkeitsverteilung kommt. Beispiele für die Anwendung der Applikation werden in einem Ausschnitt aus einer Kalkulation für ein Bauvorhaben und durch eine *Feasibility-Stude* präsentiert.

Ein eigenes Kapitel ist *die Optimierung einer Angebotskalkulation*, die in der Arbeit jedes Bauwirtschaftlers die am häufigsten zu lösende Aufgabe darstellt. Das Prinzip der Optimierung besteht einerseits im Zeitwert des Geldes und auch in einer angenommenen Änderung der ermittelten Mengen der einzelnen Leistungen. Der Wert der berechneten Summen sinkt mit fortschreitendem Zeitpunkt ihrer Rechnungslegung. Es ist daher zweckdienlich, den Schwerpunkt der in Rechnung gestellten Beträge so weit wie möglich vorzuziehen. Die Abrechnung der tatsächlich ausgeführten Leistungen oder Anzahlungen darauf leitet sich vom Bauablaufplan ab. Mit Hilfe der Änderung der Einzelpreise kann der Wert früher ausgeführte Leistungen zu Lasten der gegen Ende der Bauzeit ausgeführten Leistungen erhöht werden, und zwar bei Einhaltung des ursprünglichen Gesamt-Angebotspreises. Im Falle angenommener Änderungen der Leistungsmengen ist es günstig, bei einem angenommenen Anwachsen der Leistungsmengen höhere Einzelpreise zu haben und bei einer Abnahme umgekehrt. Selbstverständlich tritt die Geltendmachung von Änderungen der Leistungsmengen nur ein, falls die Bezahlung der tatsächlich ausgeführten Leistungen vertraglich gesichert ist.

Auf dem Gebiet der Optimierung von Modellen wurden genetische Algorithmen als geeignetes Instrument zur Lösung von Aufgaben, die Diskontinua in der Lösung enthalten oder zur Lösung von Aufgaben mit dem Auftreten lokaler Extreme angeführt. Die eigentliche Applikation *Genop* implementiert genetische Algorithmen in die Umgebung eines Tabellenkalkulationsprogramms und enthält des Weiteren die Abstimmung der Lösung mit Hilfe eines gewählten Abstimmungsschrittes und die Optimierung der Berechnungen mit stochastischen Elementen.

Literatur

[1] Beran, V., Dlask, P., Heralová, R.: Modelování v řízení 20. Praha, Vydavatelství ČVUT, 1998.

[2] Beran, V., Macek, D.: Business Intelligence. ČVUT Praha, 2001.

[3] Beran, V., Macek, D.: Economic Tools. Weimar, IKM 2000.

[4] De Jong, K. A.: Genetic algorithms as a Tool for Restructuring Feature Space Representations. Los Alamitos, CA, IEEE Computer Society Press 1996.

[5] Dlask, P.: Modifikovaný dynamický model pro řešení technicko-ekonomických úloh s použitím rizik a nejistot. Praha. ČVUT, 2002.

[6] Goldberg, D.E.: Genetic Algorithms in Search, Optimization, and Machine Learning, Addison-Wesley, USA, 1989.

[7] Herbert, D.: Adaptive Learning by Genetic Algorithms. Springer, Berlin, 1996.

[8] Hurt, J.: Simulační metody. Vydavatelství RUK, Praha, 1982.

[9] Jarušková, D. a kol.: Matematická statistika. Praha, Vydavatelství, ČVUT 1989.

[10] Klvaňa, J.: Vybrané statě z operačního výzkumu. Praha, Vydavatelství ČVUT, 1987.

[11] Koza, J.: Genetic Programming: On the Programming of Computers by Means of Natural Selection. MIT Press, Cambridge, 1992.

[12] Lauber, J., Hušek, R.: Simulační modely. Praha, SNTL, 1982.

[13] Macek, D.: Spreadsheet Check and Sensitivity Analysis. Praha, ČVUT, 2000.

[14] Michalewicz, Z.: Evolutionary Computation 1. Bristol, Institute of Physics Publishing, 2000.

[15] Michalewicz, Z.: Evolutionary Computation 2. Bristol, Institute of Physics Publishing, 2000.

[16] Michalewicz, Z.: Genetic Algorithms + Data Structures = Evolution Programs, Springer, 1996.

[17] Miettinen, K.: Evolutionary Algorithms in Engineering and Computer Science. New York, John Wiley & Sons 1999.

[18] Peterka, I.: Genetické algoritmy. Praha, ČVUT 2000.

Software:

[1] Beran V., Macek D.,: Programm *DyeTender Optimizer, Prag 1999*

[2] Beran V., Macek D.,: Programm *FaultCell, Prag 1999*

[3] Beran V., Macek D.,: Programm *Balance Semsitivity, Prag 1998*